Física
Educação de jovens e adultos (EJA)

O selo DIALÓGICA da Editora InterSaberes faz referência às publicações que privilegiam uma linguagem na qual o autor dialoga com o leitor por meio de recursos textuais e visuais, o que torna o conteúdo muito mais dinâmico. São livros que criam um ambiente de interação com o leitor – seu universo cultural, social e de elaboração de conhecimentos –, possibilitando um real processo de interlocução para que a comunicação se efetive.

Carlos A. G. Oliveira

Física
Educação de jovens e adultos (EJA)

Rua Clara Vendramin, 58 . Mossunguê . CEP 81200-170 . Curitiba . PR . Brasil
Fone: (41) 2106-4170 . www.intersaberes.com . editora@editoraintersaberes.com.br

Conselho editorial Dr. Ivo José Both (presidente)
Drª Elena Godoy
Dr. Nelson Luís Dias
Dr. Neri dos Santos
Dr. Ulf Gregor Baranow

Editora-chefe Lindsay Azambuja

Supervisora editorial Ariadne Nunes Wenger

Analista editorial Ariel Martins

Capa Mayra Yoshizawa

Projeto gráfico Mayra Yoshizawa (*design*)
Jallo/Shutterstock (imagem)

Diagramação Sincronia Design

Iconografia Palavra Arteira

1ª edição, 2017.

Foi feito o depósito legal.

Informamos que é de inteira responsabilidade do autor a emissão de conceitos.

Nenhuma parte desta publicação poderá ser reproduzida por qualquer meio ou forma sem a prévia autorização da Editora InterSaberes.

A violação dos direitos autorais é crime estabelecido na Lei n. 9.610/1998 e punido pelo art. 184 do Código Penal.

Dados Internacionais de Catalogação na Publicação (CIP)
(Câmara Brasileira do Livro, SP, Brasil)

Oliveira, Carlos A. G.
  Física/Carlos A. G. Oliveira. Curitiba: InterSaberes, 2017.
(Coleção EJA: Cidadania Competente; v. 8)
Bibliografia.
ISBN 978-85-5972-146-1

  1. Educação de adultos 2. Educação de jovens
3. Física 4. Física – Estudo e ensino I. Título. II. Série.

16-07410   CDD-530.7

Índices para catálogo sistemático:
1. Física: Estudo e ensino 530.7

Sumário

Apresentação 9

Parte I 11

1. Divisões da física, referencial, velocidade (média e instantânea) e aceleração 13
   - 1.1 Física, Galileu Galilei e Aristóteles 14
   - 1.2 Ramos da física 16
   - 1.3 Cinemática 19

2. Introdução à dinâmica: vetores, força e leis de Newton 31
   - 2.1 Vetores 33
   - 2.2 Isaac Newton 35

3. Energia (noção de energia, energias cinética, potencial e mecânica) e potência 49
   - 3.1 Energia cinética 52
   - 3.2 Energia potencial 53
   - 3.3 Energia mecânica 54
   - 3.4 Trabalho como variação de energia potencial 55
   - 3.5 Potência 55

4. Hidrostática (fundamentos, densidade, pressão e pressão atmosférica), lei de Stevin e lei de Pascal 63

4.1 Fundamentos da hidrostática 64

4.2 Lei de Stevin: diferença de pressão em um fluido 72

4.3 Princípio de Pascal 76

5. Temperatura (conceito e conversões de escalas) e dilatometria (dilatação térmica e dilatação irregular da água) 83

5.1 Equilíbrio térmico 84

5.2 Termômetro 84

5.3 Escalas termométricas 85

5.4 Dilatação térmica 86

5.5 Dilatação irregular da água 91

6. Calorimetria (temperatura, calor e potência) e processos de transmissão de calor (condução, convecção e irradiação) 97

6.1 Temperatura ou calor 98

6.2 Calorias alimentares 99

6.3 Calor específico 100

6.4 Processos de transmissão de calor 101

6.5 Potência térmica 104

Parte II 111

7. Eletrostática (carga elétrica, princípios e leis da eletrostática) e processos de eletrização (atrito, contato e indução) 113

   7.1 Um pouco de história 114

   7.2 Carga elétrica 114

   7.3 Processos de eletrização 116

   7.4 Lei de Coulomb 121

   7.5 Campo elétrico 123

8. Grandezas escalares da eletrostática (energia potencial elétrica e potencial elétrico), distribuição de carga em um condutor (blindagem eletrostática e raios) e capacitores 129

   8.1 Diferença de potencial (ddp) 132

   8.2 Distribuição de cargas em um condutor 134

   8.3 Capacidade e capacitância 136

9. Corrente elétrica (definição e intensidade), resistor e leis de Ohm 145

   9.1 Circuitos elétricos 149

   9.2 Leis de Ohm 150

10. Potência elétrica e associação de capacitores e resistores 157

    10.1 Potência em dispositivos elétricos 158

    10.2 Associação dos dispositivos elétricos 159

11. Eletromagnetismo: ímãs, interação magnética e campo magnético 173

    11.1 Magnetismo 174

    11.2 Ímãs 174

12. Ondas: definição de pulso e onda, classificação, elementos e características 183

    12.1 Classificação das ondas 185

    12.2 Na crista da onda 186

Considerações finais 193
Referências 195
Respostas 199
Sobre o autor 225

Apresentação

A física faz parte do nosso cotidiano. Sendo assim, nesta obra você vai conhecer as aplicações dessa ciência em processos tecnológicos e fenômenos naturais.

No ensino da Física, é importante analisarmos o contexto e o conceito das teorias apresentadas. Não basta realizarmos cálculos e chegarmos a um resultado sem que compreendamos se há ou não uma lógica nesse processo, razão por que é de suma importância entender os conceitos físicos.

É importante também que certos conhecimentos prévios sejam ponto de partida para o processo de ensino e de aprendizagem. Para isso, nós, professores, devemos garantir que você conheça e compreenda o conhecimento científico correto. Para tanto, nesta obra, vamos trabalhar com situações do cotidiano, almejando, com isso, que você tenha uma atuação consciente na sociedade, aplicando corretamente os conceitos da física no seu dia a dia.

Neste material, com base em alguns objetivos da disciplina Física apresentados nos Parâmetros Curriculares Nacionais para o Ensino Médio (PCNEM), abordaremos a compreensão de enunciados que envolvam códigos e símbolos físicos; a utilização e a compreensão de tabelas e gráficos; o entendimento da física presente no mundo real e nos equipamentos e procedimentos tecnológicos; a aplicação de modelos físicos; a previsão, a avaliação e a análise de fenômenos; e, ainda, a relação dinâmica e direta do conhecimento com o contexto cultural, social, político e econômico.

Diante dessa abordagem, organizamos o material em duas partes: na primeira, trataremos de assuntos relacionados à velocidade e à aceleração, mostrando a diferença entre esses dois conceitos tão importantes em nosso cotidiano. Para falarmos de força e das Leis de Newton, utilizaremos exemplos de fenômenos que ocorrem no trânsito, principalmente os que envolvem o uso do cinto de segurança e o acionamento do *airbag*. Além disso, analisaremos o conceito de calorias, bem como os de pressão, temperatura e calor, com vistas à sua aplicação prática.

Na segunda parte, abordaremos os conceitos de eletricidade, magnetismo e ondas. Demonstraremos a correta utilização dos equipamentos elétricos e o funcionamento da corrente elétrica. Com relação às ondas, explicaremos os significados de frequência e amplitude, bem como sua aplicação.

Pronto para iniciar os estudos? Boa leitura!

Parte I

capítulo três

Divisões da física, referencial, velocidade (média e instantânea) e aceleração

Neste capítulo, trataremos dos conceitos básicos da cinemática, como movimento, repouso e referencial, para compreendermos melhor o que é velocidade e aceleração.

1.1 Física, Galileu Galilei e Aristóteles

Quando falamos em *física*, é comum "torcermos o nariz", não é mesmo? Mas, nesta obra, vamos mudar essa opinião: nosso objetivo é mostrar a você o quanto a física está presente em nosso cotidiano, muito mais do que podemos imaginar.

A física é uma ciência em constante transformação. Antigamente, afirmava-se, por exemplo, que os corpos com maior massa (ou "mais pesados"), se jogados de determinada altura, chegariam antes no solo em relação aos de menor massa ("mais leves"). Após algumas experiências, o cientista italiano **Galileu Galilei**[1] (1564-1642) comprovou que, independentemente da massa, os corpos chegam juntos ao solo, ambos sendo soltos da mesma altura.

[1] *Saiba mais sobre Galileu e suas descobertas em: E-Física (2016b).*

Figura 1.1 – Galileu Galilei

André Müller

Nesse momento, você pode estar se perguntando: "Mas se eu soltar uma folha de papel e uma pedra, ao mesmo tempo, a pedra não chegará antes ao solo? Até porque a folha vai descer 'dançando' no ar". Sim, está correto! No entanto, se você amassar muito (muito mesmo) essa folha de papel e soltá-la novamente com a pedra, perceberá que ambas chegarão juntas ao solo.

O que aconteceu para que os dois objetos chegassem juntos ao solo?

Vamos às conclusões: Você pensou no ar que "segurava" o papel? Em caso afirmativo, você está novamente correto. O que fizemos foi tirar a resistência do ar que, nesse caso, é o seu atrito. E foi justamente isso que Galileu Galilei disse – ao retirar a resistência do ar, os corpos de massas diferentes chegam juntos ao solo. No entanto, quem fez a constatação pela primeira vez de que corpos de **massas diferentes** chegam ao solo em **tempos diferentes** foi o filósofo grego **Aristóteles** (384 a.C.-322 a.C.).

Figura 1.2 – Aristóteles

Essa afirmação durou aproximadamente 2 mil anos, pois os experimentos não serviam para estudar a realidade. Foi então que Galileu, pai da física experimental, realizou a experiência da queda dos corpos na Torre de Pisa, na Itália, e comprovou sua experiência.

Figura 1.3 – Galileu Galilei e sua experiência da queda dos corpos

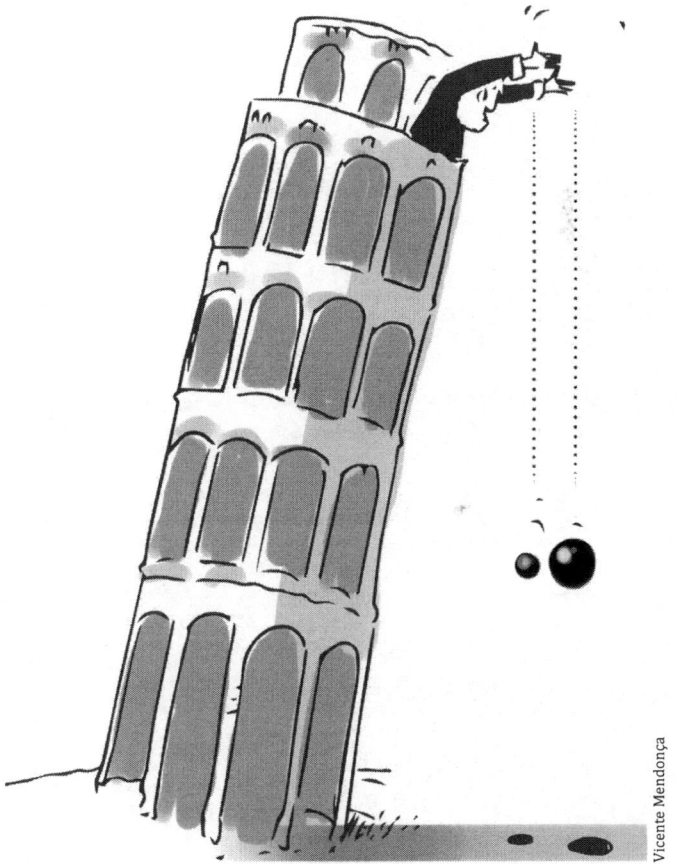

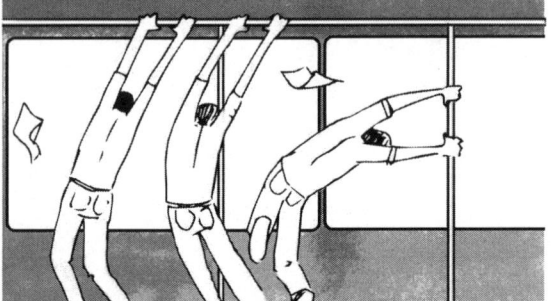

Vamos fazer um experimento?

Pegue uma folha (pode ser usada, pois vamos amassá-la) e uma borracha escolar. Solte as duas ao mesmo tempo e da mesma altura. Você constatará que a borracha vai chegar primeiro ao solo. Agora, amasse bem essa folha (bem amassada mesmo!) e repita o processo. Qual é a diferença entre os experimentos?

Bem, no primeiro experimento, a folha tem a resistência do ar, mas a borracha, não. Já no segundo experimento, a resistência do ar (atrito) na folha amassada diminui bastante, sendo possível considerá-la nula. Nesses casos, retirando a resistência do ar, os corpos, independentemente de suas massas, chegam juntos ao solo.

1.2 Ramos da física

A física é uma ciência muito ampla e, para facilitar nossos estudos, vamos subdividi-la em **seis ramos**. A seguir, apresentamos cada um deles.

1.2.1 Mecânica

A mecânica estuda os fenômenos relacionados ao movimento dos corpos. É ela quem responde a questões como:

- Por que somos jogados para frente quando o ônibus freia?
- Por que nos dias de chuva é mais difícil frear um automóvel?
- Como o avião consegue voar?
- Por que navios não afundam?

1.2.2 Termologia

É o ramo da física que estuda os fenômenos térmicos. Ela responde, por exemplo, às seguintes questões:

- Como funciona um termômetro?
- Por que instalamos o aparelho de ar condicionado na parte superior da parede do cômodo?
- Por que vemos espaços no concreto de uma estrada/viaduto?

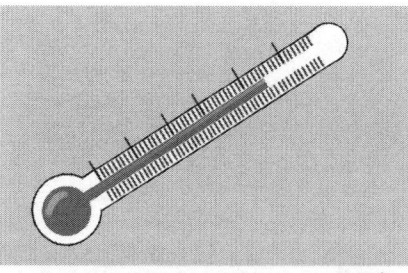

1.2.3 Ondulatória

A ondulatória é responsável por estudar as características e as propriedades das ondas e seus movimentos. Ela responde a questões como:

- Por que o som da sirene parece ficar mais lento quando está mais longe?
- Por que uma taça de vidro pode se quebrar apenas com um grito?
- Por que não podemos colocar material metalizado dentro do micro-ondas?

1.2.4 Óptica

A óptica estuda os fenômenos relacionados à luz e é responsável por responder, por exemplo, aos seguintes questionamentos:

- Como funcionam as lentes corretivas dos óculos?
- Por que o espelho esférico amplia nosso campo de visão?
- Como se forma o arco-íris?

1.2.5 Eletromagnetismo

Esse ramo da física estuda os fenômenos elétricos e magnéticos, respondendo às seguintes questões:

- Como funcionam os aparelhos eletrônicos?
- O que é um raio?
- Como funciona um motor?
- Por que o fusível queima?

1.2.6 Física moderna (atômica e nuclear)

Estuda fenômenos relacionados à relatividade, à mecânica quântica, à radioatividade, entre outros fatores, e responde, por exemplo, às seguintes questões:

- Como funcionam os equipamentos *high-tech*?
- Como um *Global Positioning System*[1], também conhecido como *G.P.S.*, consegue nos localizar?
- O que é nanotecnologia e quais são suas aplicações?

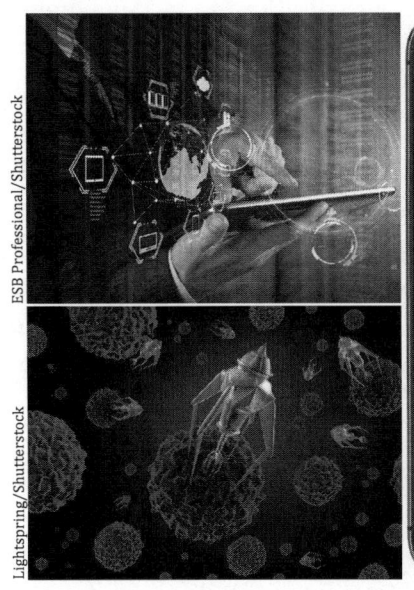

[1] *Em português, Sistema de Posicionamento Global.*

1.3 Cinemática

Bom, agora que você já conhece os ramos da física, vamos abordar a mecânica com mais profundidade. Dentro desse ramo existem subdivisões, como a **cinemática**, que se dedica aos estudos dos movimentos sem levar em consideração as suas causas.

1.3.1 Referencial

Vamos iniciar nossos estudos sobre a cinemática descobrindo o que significa ***referencial***. Observe a tirinha da Turma da Mônica a seguir.

Figura 1.4 – Exemplo de referencial

Agora, reflita: É possível afirmar que o Cascão está correto na sua resposta ao Cebolinha?

Em relação ao Cebolinha, o Cascão encontra-se em movimento, relativamente a um referencial (que, no caso, é ele mesmo). Contudo, o Cascão encontra-se em repouso em relação ao *skate*, pois a posição dele e a do *skate* não variam. Logo, o Cascão encontra-se em repouso (em relação ao *skate*).

Vemos, então, que a noção de movimento é relativa, ou seja, só podemos dizer que um corpo está em movimento se especificarmos outro corpo como referencial.

Vamos ver o que é referencial na prática?

Imagine um ônibus em movimento e um passageiro dentro dele, além do motorista e do cobrador. Você está no ponto de ônibus e o veículo passa por você. O passageiro está observado uma lâmpada interna acesa; para ele, tanto o ônibus como a lâmpada estão em repouso. Mas você, que está fora do ônibus, observará que a lâmpada e o veículo estão em movimento.

O que queremos dizer é que o movimento de um corpo, visto por um observador, depende do referencial no qual o observador está situado.

1.3.2 Trajetória

A trajetória de um corpo móvel é o trajeto por ele percorrido; esse trajeto depende do referencial com base no qual o movimento é observado.

As noções de *trajetória* e *movimento* são relativas e, portanto, dependem do referencial adotado. Se adotarmos como referencial um avião da Esquadrilha da Fumaça, por exemplo, a fumaça corresponderá à trajetória do avião. A figura a seguir demonstra esse exemplo.

Figura 1.5 – Exemplo de trajetória

Ainda no que diz respeito aos conceitos da cinemática, há dois itens muito importantes que devemos analisar: o **deslocamento** e a **partícula**.

1.3.3 Deslocamento escalar

Imagine um carro em movimento. À medida que esse carro se afasta ou se aproxima de um referencial, há uma **variação de posição** (nesse caso, em metros), a qual é chamada de *deslocamento*[1] *escalar*.

O deslocamento escalar é definido como a diferença entre o espaço final (chegada) e o inicial (partida). Para descobrir o valor do deslocamento, utilizamos a seguinte equação:

$$\Delta S = S - S_0$$

Vamos a um exemplo. Você está saindo de Paranaguá, no Paraná, pela BR-277, e seu destino é Curitiba, também no Paraná. Seu carro está no km 7 e, após certo intervalo de tempo, chega ao km 10. Concluímos, assim, que seu deslocamento foi de 3 km, ou seja:

$$\Delta S = 10 - 7 = 3$$

Figura 1.6 – Km 10 e km 7 da BR-277 (circulados)

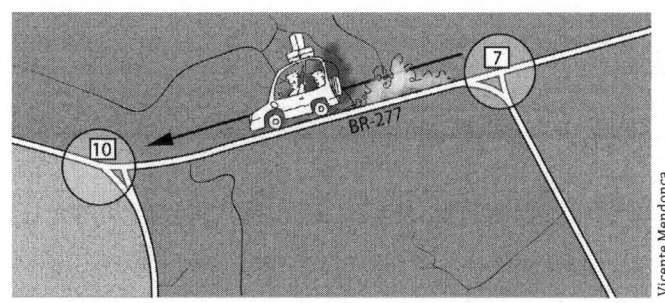

Fonte: Adaptado de Google Maps, 2016.

No entanto, caso você tenha saído do km 7, ido até o km 10 e retornado ao km 7, afirmamos que o seu deslocamento foi nulo, ou seja, zero, pois o espaço final (km 7) coincide com o espaço inicial. Já o caminho percorrido pelo carro será de 6 km (3 km + 3 km). Nesse contexto, é possível perceber o conceito de **deslocamento** e de **caminho percorrido**.

1.3.4 Partícula (ponto material)

Consideramos que algo é uma partícula quando suas dimensões são muito pequenas em comparação às demais dimensões que participam do fenômeno ou mesmo em relação a um referencial. Por exemplo: se um automóvel, de aproximadamente 4 m de comprimento, desloca-se 200 m (por volta de duas quadras), ele não pode ser considerado uma partícula (damos a ele o nome de *corpo extenso*). Dependendo da situação colocada, como estacionar o carro em uma vaga de garagem, devemos considerar o tamanho desse carro.

[1] ***Deslocar***, segundo Houaiss e Villar (2009), significa "mudar (algo), tirando do lugar".

Figura 1.7 – Corpo extenso

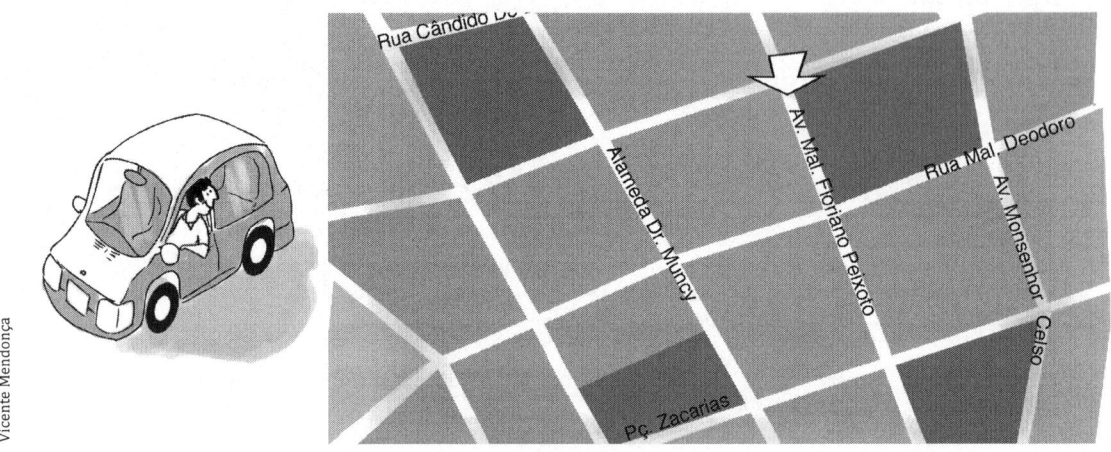

Se esse mesmo automóvel viajar de uma cidade a outra, em uma distância de aproximadamente 350 km (como de Santo André, São Paulo, a Volta Redonda, Rio de Janeiro), o comprimento do automóvel será desprezível em relação a distância e, nesse caso, ele será tratado como uma partícula (ponto material).

Figura 1.8 – Ponto material

1.3.5 Velocidade

Você já deve ter assistido a uma corrida de Fórmula 1, mesmo que pela televisão, certo? Nesse tipo de corrida, percebemos que os carros alcançam uma velocidade muito alta em retas e a reduzem em curvas. Agora, reflita: O que significa dizer que um carro de Fórmula 1 está a 200 km/h em uma reta?

Figura 1.9 – Carro de Fórmula 1

Primeiramente, precisamos saber que **km/h** (quilômetro por hora) é uma das unidades de resposta da velocidade. Na matemática, a barra (/) é a divisão, o km (quilômetro) é uma das unidades do deslocamento e o h (hora) é uma das unidades de resposta do tempo.

No caso do exemplo dado, a informação "200 km/h" significa que o carro de Fórmula 1 deslocou-se 200 km em apenas 1 hora.

Vamos pensar agora no Autódromo José Carlos Pace, também conhecido como *Autódromo de Interlagos*[i], no Estado de São Paulo, cuja pista tem 4 309 m de extensão. Caso o carro de Fórmula 1 esteja no *grid de largada*[ii] e execute uma volta completa, o deslocamento dele foi nulo. Isso quer dizer que o ponto inicial (largada) coincidiu com o ponto final (chegada), o que é chamado de *deslocamento escalar* ($\Delta S = S - S_0$), em que ΔS é a **variação de espaço**, S é o **espaço final** e S_0 é o **espaço inicial**.

O **caminho percorrido** por esse carro foi de aproximadamente 4,3 km, caso tenha feito apenas uma volta completa na pista, pois ela tem 4 309 m de extensão (conforme o *site* oficial do autódromo).

> Lembre-se: 1 km = 1 000 m; 2 km = 2 000 m; 4,3 km = 4 300 m.

Nesse momento, vamos pensar em nosso dia a dia: se observarmos carros, motos, ônibus, entre outros veículos, veremos que todos têm um instrumento chamado *velocímetro*, que mostra a velocidade de cada meio de transporte.

Figura 1.10 – Velocímetro

[i] *Saiba mais sobre o Autódromo de Interlagos em: Interlagos (2016).*

[ii] *Local demarcado com espaços em que ficam posicionados os carros antes da largada (Quaresma, 2015).*

Se olharmos o velocímetro de uma moto em movimento, por exemplo, e ele marcar 90 km/h (como mostra a Figura 1.10), estaremos fazendo a leitura da **velocidade instantânea**, ou seja, é a velocidade na qual a moto se encontra naquele momento.

Agora, imagine outra situação: um carro, em uma viagem, percorre uma distância de 400 km em 5 horas. Qual foi a velocidade média desse carro?

Usando o mesmo raciocínio do carro de Fórmula 1, pegaremos a distância percorrida pelo carro (400 km) e dividiremos (/) por 5 horas, que é o tempo (h):

$$v_m = \frac{400 \text{ km}}{5 \text{ h}} = 80 \frac{\text{km}}{\text{h}}$$

Logo, o carro desenvolveu, em média, **80 km/h**. Esse resultado é o que denominamos *velocidade média*. Observe que, durante o movimento, a velocidade do carro pode ter sofrido variações. No exemplo citado, seu valor pode ter sido às vezes maior e, outras vezes, menor que 80 km/h.

Matematicamente, temos:

$$v_m = \frac{\text{distância total percorrida}}{\text{tempo gasto no percurso}} = \frac{\Delta s}{\Delta t} = \frac{s - s_0}{t - t_0}$$

Em que:

- V_m = velocidade média, dada em m/s (metros por segundo);
- ΔS = variação de espaço percorrido, dada em m (metros);
- Δt = variação do tempo percorrido, dada em s (segundos).

No Sistema Internacional de Unidades (SI), mede-se o comprimento em metros (m) e o tempo em segundos (s). A unidade mais utilizada é km/h, visto anteriormente. A velocidade é expressa por metros por segundo (m/s) e a relação entre km/h e m/s é:

$$1 \frac{\text{km}}{\text{h}} = \frac{1000 \text{ m}}{3600 \text{ s}} = \frac{1 \text{ m}}{3,6 \text{ s}}$$

Para memorizar

Em 1 hora há 60 minutos e em 1 minuto há 60 segundos. Portanto, em 1 hora há 3 600 segundos. Sendo assim, para transformar km/h em m/s, basta **dividir** por 3,6; e, para transformar m/s em km/h, basta **multiplicar** por 3,6.

1.3.6 Aceleração

Ao dirigir um veículo, é impossível manter uma velocidade constante, ou seja, uma velocidade que não muda. Sendo assim, vamos considerar um automóvel cujo velocímetro esteja indicando, em um determinado instante, uma velocidade de 40 km/h. Se 1 s após a indicação passar para 45 km/h, podemos dizer que a velocidade do carro variou 5 km/h em 1 s.

Em outras palavras, dizemos que esse carro recebeu uma **aceleração**, cujo conceito está relacionado a uma **variação de velocidade** em um intervalo de tempo decorrido.

$$a_m = \frac{\text{variação da velocidade}}{\text{intervalo de tempo decorrido}} = \frac{\Delta v}{\Delta t} = \frac{v - v_0}{t - t_0}$$

Em que:

- a_m = aceleração média, dada em m/s² (metros por segundo ao quadrado);
- ΔV = variação de velocidade, dada em m/s (metros por segundo);
- Δt = variação do tempo percorrido, dada em s (segundos).

Observe o seguinte exemplo: uma certa revista especializada em carros informa que a aceleração de um determinado modelo teve seu desempenho numa variação de velocidade de 0 a 100 km/h em aproximadamente 10 segundos.

Utilizando a fórmula apresentada anteriormente, concluímos que sua velocidade variou 10 km/h a cada 1 segundo, ou seja:

- 1 segundo = 10 km/h;
- 2 segundos = 20 km/h;
- 3 segundos = 30 km/h;
- 4 segundos = 40 km/h;
- 5 segundos = 50 km/h;
- 6 segundos = 60 km/h;
- 7 segundos = 70 km/h;
- 8 segundos = 80 km/h;
- 9 segundos = 90 km/h;
- 10 segundos = 100 km/h.

A unidade é dada por m/s². Veja, a seguir, como chegamos matematicamente a essa unidade de resposta da aceleração.

$$a = \frac{\Delta v}{\Delta t} = \frac{\frac{m}{s}}{s} = \frac{m}{s} \cdot \frac{1}{s} = \frac{m}{s^2}$$

É necessário lembrarmos que a aceleração pode apresentar valores **positivos** ou **negativos**:

- quando a aceleração é **positiva**, significa que a velocidade está **aumentando**;
- quando a aceleração é **negativa**, significa que a velocidade está **diminuindo**.

Dessa forma, vamos pensar no seguinte: É possível uma pessoa ter uma aceleração de 5 m/s²?

Figura 1.11 – Acelerando os passos

Para responder a essa pergunta, desdobre essa unidade de resposta (**m/s²**), isto é, 5 m/s² é o mesmo que 5 m/s a cada 1 segundo. Sendo assim, no segundo 1, a pessoa está com uma velocidade de 5 m/s (igual a 18 km/h) – lembre-se de que, para transformar m/s em km/h, basta multiplicarmos por 3,6. Nessa linha, temos que:

- no segundo 2, a pessoa está com uma velocidade de 10 m/s (igual a 36 km/h);
- no segundo 3, a pessoa está com uma velocidade de 15 m/s (igual a 54 km/h);
- no segundo 4, a pessoa está com uma velocidade de 20 m/s (igual a 72 km/h).

Acreditamos que seja um tanto impossível alguém ter uma aceleração tão grande. Aparentemente, 5 m/s² parece ser um número pequeno, mas, na realidade – e para uma pessoa –, é um número muito alto. Para termos uma ideia, o guepardo, mamífero terrestre mais rápido do mundo, atinge uma velocidade de 70 km/h em apenas 3 segundos.

Figura 1.12 – Guepardo

Vamos fazer a conta da aceleração desse animal e compará-la à aceleração da pessoa (5 m/s²)? O resultado é aproximadamente **6,5 m/s²**. Muito rápido, não?

Para saber mais

PHET Interactive Simulations. **O homem em movimento**. Disponível em: <http://phet.colorado.edu/pt_BR/simulation/moving-man>. Acesso em: 18 nov. 2016.
O *site* da Universidade do Colorado disponibiliza simuladores interativos (em português). Este que indicamos, por exemplo, é de velocidade e aceleração.

Exercícios

1) (UFV-MG) Um aluno, sentado na carteira da sala, observa os colegas, também sentados nas respectivas carteiras, bem como um mosquito que voa perseguindo o professor que fiscaliza a prova da turma. Das alternativas [a seguir], a única que retrata uma análise correta do aluno é:
   a) A velocidade de todos os meus colegas é nula para todo observador na superfície da Terra.
   b) Eu estou em repouso em relação aos meus colegas, mas nós estamos em movimento em relação a todo observador na superfície da Terra.
   c) Como não há repouso absoluto, não há nenhum referencial em relação ao qual nós, estudantes, estejamos em repouso.
   d) A velocidade do mosquito é a mesma, tanto em relação aos meus colegas, quanto em relação ao professor.
   e) Mesmo para o professor, que não para de andar pela sala, seria possível achar um referencial em relação ao qual ele estivesse em repouso.

2) (Católica-DF) Para buscar um vestido, Linda tem que percorrer uma distância total de 10 km, assim distribuída: nos 2 km iniciais, devido aos sinaleiros e quebra-molas, determinou que poderia gastar 3 minutos. Nos próximos 5 km, supondo pista livre, gastará 3 minutos. No percurso restante, mais 6 minutos, já que se trata de um caminho com ruas muito estreitas. Se os tempos previstos por Linda forem rigorosamente cumpridos, qual será sua velocidade média ao longo de todo o percurso?
   a) 20 km/h.
   b) 30 km/h.
   c) 40 km/h.
   d) 50 km/h.
   e) 60 km/h.

3) (UEL-PR) Sabe-se que o cabelo de uma pessoa cresce em média 3 cm a cada dois meses. Supondo que o cabelo não seja cortado e nem caia, o comprimento total (em mm), após terem se passado 10 anos será:
   a) 0,18 mm.
   b) 1,8 mm.
   c) 18 mm.
   d) 180 mm.
   e) 1 800 mm.

4) (Católica-DF) Em uma prova de resistência de 135 km, um ciclista percorreu 30 km nos primeiros 15 minutos, 27 km nos 15 minutos seguintes, 24 km nos 15 minutos subsequentes, e assim

sucessivamente. O tempo que o ciclista levou para terminar a prova foi:
a) 1 hora e 30 minutos.
b) 1 hora.
c) 2 horas e 15 minutos.
d) 30 minutos.
e) 1 hora e 45 minutos.

5) (UFRJ) Considere uma aeronave viajando a 900 km/h em movimento retilíneo e uniforme na rota Rio-Salvador. Num dado trecho, o tempo médio gasto é de aproximadamente 75 minutos. Entre as alternativas a seguir, a que melhor representa a distância percorrida pela aeronave no determinado trecho é:
a) 1 025 km.
b) 675 km.
c) 1 875 km.
d) 975 km.
e) 1 125 km.

6) (FEI-SP) Um trem de 200 m de comprimento atravessa completamente um túnel de 1 000 m em 1 minuto. Qual é a velocidade média do trem em km/h?
a) 16 km/h.
b) 1 000 km/h.
c) 20 km/h.
d) 120 km/h.
e) 72 km/h.

7) (Univali-SC) No grande prêmio da Austrália, na cidade de Melbourne, o piloto brasileiro Pedro Paulo Diniz, da escuderia SAUBER, foi o 12º colocado. Em uma das voltas, alcançou a velocidade de 1 800 metros em 16 segundos. Nesse caso, a sua velocidade em km/h foi de:
a) 1 125 km/h.
b) 1 800 km/h.
c) 405 km/h.
d) 500 km/h.
e) 350 km/h.

8) (Unifor-CE) Um trem parte às 16 h de uma sexta-feira para uma viagem de 500 km. Sabe-se que esse trem, quando em movimento, mantém uma média de velocidade de 50 km/h e que, devido ao descarrilamento de outro trem, ficou parado no meio do percurso durante 12 horas. Nessas condições, o trem chegou ao destino às:
a) 12 h de domingo.
b) 2 h de domingo.
c) 16 h de sábado.
d) 14 h de sábado.
e) 2 h de sábado.

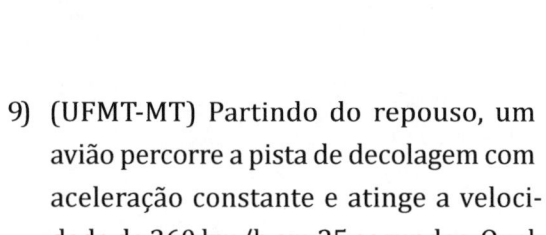

9) (UFMT-MT) Partindo do repouso, um avião percorre a pista de decolagem com aceleração constante e atinge a velocidade de 360 km/h em 25 segundos. Qual o valor da aceleração em m/s²?
   a) 4 m/s².
   b) 14,4 m/s².
   c) 25 m/s².
   d) 36 m/s².
   e) 72 m/s².

10) A litorina é um modelo de trem turístico utilizado na Serra do Mar do Paraná. Num dia ensolarado, o maquinista coloca o trem a uma velocidade de 72 km/h e, quando vê um obstáculo à sua frente, aciona os freios e para em 10 s. Qual a aceleração média imprimida ao trem pelos freios?
    a) 2 m/s².
    b) – 2 m/s².
    c) – 3,6 m/s².
    d) 7,2 m/s².
    e) – 7,2 m/s².

Introdução à dinâmica: vetores, força e leis de Newton

Vimos, no primeiro capítulo, como as coisas se movimentam. Agora, vamos mostrar o porquê disso; antes, porém, vamos dar uma olhadinha em um conceito chamado *vetor*.

Você já deve ter visto uma situação em que um carro "enguiça" e pessoas têm de "dar uma força" e empurrá-lo, como mostra a Figura 2.1, a seguir.

Figura 2.1 – Força de contato

Esse é um exemplo simples do conceito físico de força. Quando empurramos ou puxamos um objeto, estamos exercendo uma força sobre ele (**força de contato**). Também existem forças que atuam sem o toque (**força de campo**), como um ímã atraindo outro e a força gravitacional que mantém a lua girando ao redor da Terra.

Figura 2.2 – Força de campo (exemplo 1)

Figura 2.3 – Força de campo (exemplo 2)

Para memorizar
Forças de contato: surgem durante o contato entre os corpos.
Forças de campo: atuam mesmo a distância.

2.1 Vetores

Voltemos ao caso do carro enguiçado. Quando as pessoas vão empurrá-lo, todas o fazem na mesma direção e sentido, correto? Mas essa força, nesse caso, depende da pessoa que está empurrando.

A força é uma grandeza **vetorial**. Isso quer dizer que, além de informarmos o **quanto** (valor numérico chamado *módulo*), precisamos informar a **direção** e o **sentido** de aplicação dessa força. São também grandezas vetoriais a **velocidade** e a **aceleração**, entre outras.

Caso não seja uma grandeza vetorial, ela é chamada de *escalar* e necessita apenas do **valor numérico** e da sua **unidade de resposta** – como um pacote de arroz de 5 kg: você não precisa dizer a direção e o sentido do pacote de arroz, apenas informar a sua massa.

Figura 2.4 – Grandeza escalar

E no que diz respeito à **direção** e ao **sentido**, você sabe qual é a diferença?

Observe a Figura 2.5, a seguir.

Figura 2.5 – Grandeza vetorial

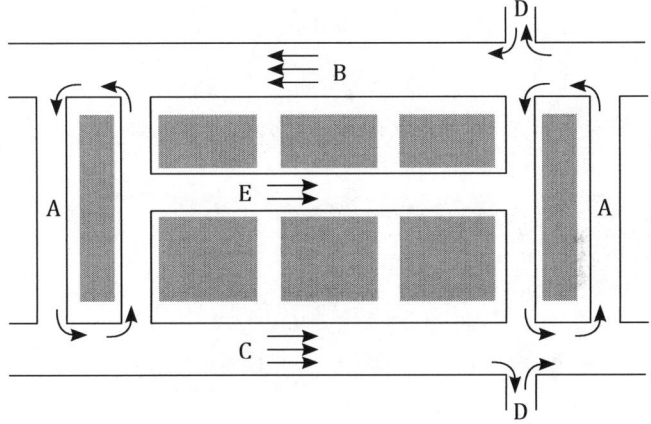

Fonte: Adaptado de Centro-Oeste Brasil, 2016.

Vamos supor que as letras A, B, C, D e E da Figura 2.5 são carros numa determinada rua. Nesse caso:

- **direção**: os carros B, C e E estão na **mesma direção** (na imagem, estão na **horizontal**) e os carros A e D em **outra direção** (na **vertical**);
- **sentido**: os carros C e E estão no **mesmo sentido** (indo para a **direita**) e os carros C e B estão no **sentido contrário** (C indo para a **direita** e B indo para a **esquerda**).

Vejamos outro exemplo. Em um cabo de guerra, como mostra a Figura 2.6, as forças estão sendo aplicadas em **sentidos opostos**, pois o objetivo do jogo é exatamente ver qual dos dois times tem mais "força".

Figura 2.6 – Soma vetorial

Lembra quando comentamos que a aceleração pode ser positiva ou negativa? Assim como a aceleração, a velocidade também pode ser positiva ou negativa. O sinal negativo em –50 km/h, por exemplo, quer dizer que está no sentido contrário da trajetória. Supondo que na Figura 2.6 a orientação adotada tivesse sido o lado direito, todas as pessoas que estivem no sentido contrário teriam velocidades negativas.

Quando queremos nos referir ao valor numérico de uma grandeza vetorial, basta escrevermos a letra ou o símbolo que a representa. Por exemplo: para força, usamos **F**. Quando queremos nos referir ao vetor *força* (com módulo, direção e sentido), utilizamos a letra F com uma seta em sua parte superior, desse modo: $\vec{F}$.

2.1.1 Somando vetores

Vamos pensar mais uma vez no carro enguiçado. As pessoas empurram na mesma direção e sentido, certo? Nesse caso, quando aplicamos duas ou mais forças na mesma direção e sentido, podemos somá-las e, assim, obter um vetor força resultante (F_R).

Observe a Figura 2.7, a seguir.

Figura 2.7 – Somando as forças

Fonte: Adaptado de 4.bp.blogspot, 2016.

Vamos atribuir valores aos dois: à mulher, uma força de 15 N (F = 15 N), e ao menino, uma força de 5 N (F = 5 N). Como ambos estão na mesma direção e sentido, somamos os dois (F_R = 15 + 5 = 20 N), na mesma direção e no mesmo sentido (no caso, para a direita).

E no caso do cabo de guerra? As forças são na mesma direção, mas em sentidos diferentes: cada time puxando para um lado. Quem ganha? O time que estiver fazendo mais força. Para saber quem ganha, verificamos a diferença entre as forças.

Figura 2.8 – Subtraindo as forças

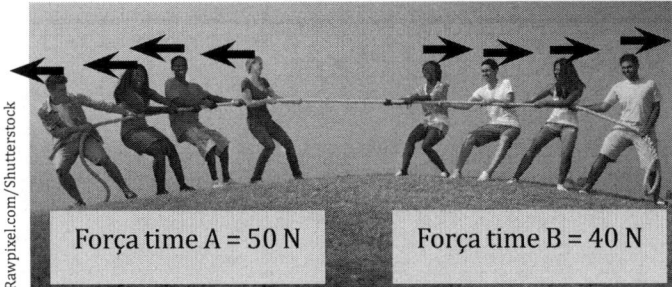

Como estão em sentidos contrários, subtraímos as forças: $F_R = 50 - 40 = 10$ N, na mesma direção e no sentido para a esquerda. Mas temos mais um caso a considerar: quando elas não estão nem na mesma direção nem no mesmo sentido, fazemos um traço nas extremidades de F_1 e F_2 paralelas, de modo a formar um paralelogramo, como mostra a Figura 2.9. A diagonal desse retângulo representa o vetor F_R que procuramos.

Figura 2.9 – Soma de vetores (caso particular)

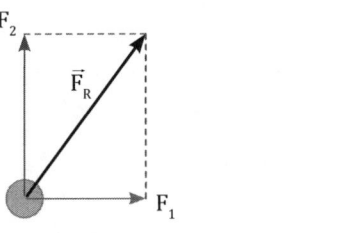

Caso os vetores sejam perpendiculares (ângulo de 90°), basta aplicarmos o teorema de Pitágoras.

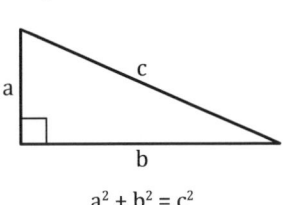

$a^2 + b^2 = c^2$

A letra (a) seria F_2, a letra (b) F_1 e a letra (c), F_R. Ou seja: $F_R^2 = F_1^2 + F_2^2$.

Dependendo da direção e do sentido em que estiverem as forças, adotaremos a soma, a subtração ou a equação de Pitágoras para obtermos o valor de F_R.

2.2 Isaac Newton

Quando observamos uma queda de braço, uma pessoa erguendo uma caixa ou até mesmo alguém caminhando, verificamos o conceito de força. Agora, vamos conhecer o cientista que foi responsável por esse conceito: **Sir Isaac Newton**[1] (1643-1727).

[1] *Saiba mais sobre Newton em E-Física (2016a).*

Figura 2.10 – Isaac Newton

Newton, ao criar o conceito de força, estava preocupado em compreender as causas do movimento. Assim, o físico e matemático comprovou que a movimentação ou não de um corpo depende da força que é aplicada sobre ele. Com isso, Newton enunciou três leis. Vamos à primeira.

2.2.1 Primeira lei de Newton: lei da Inércia

Isaac, com base nas ideias de Galileu, estabeleceu a primeira lei do movimento, também conhecida como *lei da inércia*. Para ela, um corpo tende a permanecer em repouso ou em movimento retilíneo uniforme desde que nenhuma força atue sobre ele.

Figura 2.11 – Garfield e a lei da inércia

Esperto esse Garfield, não é? Querendo justificar a sua preguiça utilizando a lei da inércia! Bem que Jon, seu dono, poderia complementar a frase do gato e aplicar uma **força** sobre ele para movimentá-lo.

Outro exemplo muito importante na primeira lei de Newton é o uso do cinto de segurança. A Figura 2.12, a seguir, mostra duas situações: na parte superior, o motorista **não** usa o cinto de segurança, enquanto na parte inferior, sim.

Figura 2.12 – Lei da inércia

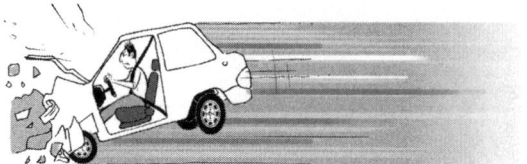

Quando o carro diminui a velocidade de forma brusca, a tendência é de que os passageiros se mantenham em movimento, assim, os corpos acabam sendo projetados contra o para-brisa.

2.2.1.1 Equilíbrio

É na primeira lei de Newton que o termo *equilíbrio* é explicado, o qual significa que a resultante das forças é nula ($F_R = 0$). Podemos ter o **equilíbrio estático** (Figura 2.13), em que há o repouso, ou seja, a velocidade é nula; ou o **equilíbrio dinâmico** (Figura 2.14), no qual o corpo está em movimento retilíneo uniforme (MRU) e a velocidade é constante, mas diferente de zero. Cada figura a seguir demonstra um tipo de equilíbrio.

Figura 2.13 – Equilíbrio estático

Figura 2.14 – Equilíbrio dinâmico

2.2.2 Segunda lei de Newton: princípio fundamental da dinâmica

O que é mais fácil: empurrar um fusca ou um caminhão? Provavelmente você dirá fusca, e está correto, porque a massa do fusca é menor que a massa do caminhão, logo, você precisará de menos força para empurrá-lo. É sobre isso que trata a segunda lei de Newton. A facilidade em colocar um corpo em movimento depende de sua massa e aceleração, isto é, depende da interação entre os corpos.

Agora, vamos utilizar como exemplo um operário empurrando um carrinho de embalagem.

Figura 2.15 – Embalagens empurradas com o auxílio de um carrinho

Na primeira situação retratada na Figura 2.15, há dois blocos e, na segunda, apenas um bloco. Na imagem, o operário aplica uma força maior quando há dois blocos, ao contrário de quando há apenas um bloco. Novamente relacionaremos a massa com a força e, automaticamente, a aceleração adquirida pelo carrinho de embalagem.

Mas, então, é possível medir a inércia de um corpo? Sim! Newton desenvolveu uma expressão matemática que relaciona o movimento dos objetos e a força aplicada sobre eles:

$$\vec{F} = m \cdot \vec{a}$$

Em que:

- F = força, cuja unidade de resposta é N (Newton);
- m = massa, cuja unidade de resposta é kg (quilograma);
- a = aceleração, cuja unidade de resposta é m/s² (metros por segundo ao quadrado).

Logo, quando afirmamos que estamos aplicando uma força em um objeto, esta dependerá exclusivamente da massa e da aceleração que esse objeto poderá adquirir.

2.2.3 Terceira lei de Newton: ação e reação

Quando assistimos a uma luta na TV e vemos um dos atletas aplicando um golpe na face do outro, quem está empurrando quem – a mão do lutador que golpeou ou a face do golpeado? A resposta é: as duas coisas.

Para a terceira lei de Newton, quando um corpo A aplica uma força sobre um corpo B, este também aplica uma força no corpo A, ao **mesmo tempo**, com a **mesma intensidade** (valor) e na **mesma direção**, mas em **sentido contrário**.

Vejamos alguns exemplos a seguir.

Quando caminhamos, estamos "empurrando" o chão para trás, e o chão nos "empurra" para frente.

Figura 2.16 – Terceira lei de Newton (exemplo 1)

Em uma nave espacial, os gases a empurram para trás e a nave vai para frente.

Figura 2.17 – Terceira lei de Newton (exemplo 2)

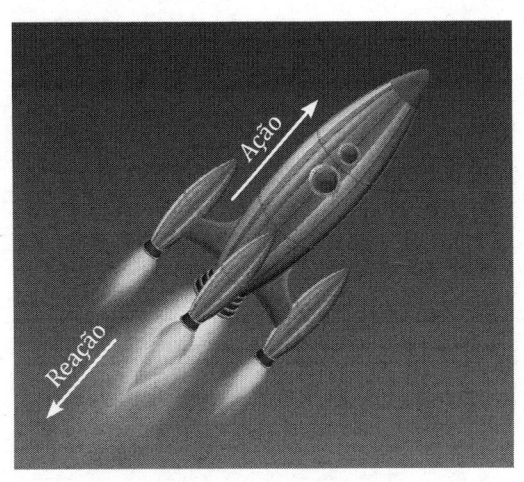

Observe a tirinha da Turma da Mônica a seguir.

Figura 2.18 – Terceira lei de Newton, exemplo 3

Matematicamente, dizemos que:

$$F_{C \to M} = -F_{M \to C}$$

Em que:

- $F_{C \to M}$ = força do Cascão sobre a Mônica;
- $F_{M \to C}$ = força da Mônica sobre o Cascão.

Analisando a tirinha, imagine a seguinte situação: o Cascão está aplicando uma força de 20 N ao atirar uma bolinha na Mônica; no sentido contrário (sinal de menos), a Mônica devolve essa força no mesmo valor (mesmo módulo). Lembre-se das grandezas vetoriais: módulo, direção e sentido. No caso da ilustração, mesmo módulo (F = 20 N), mesma direção (no caso, na horizontal) e sentidos contrários.

Não se esqueça de que a relação entre ação e reação só acontece em corpos diferentes.

2.2.4 Aplicações das leis de Newton

Anteriormente, apresentamos várias aplicações das três leis de Newton. Nesse momento, demonstraremos como transferir essa força a certos objetos, por exemplo, em uma deformação.

2.2.4.1 Força elástica

Já vimos que uma força resultante pode provocar uma aceleração de um corpo. Mas, além disso, ela também pode provocar a deformação de um corpo, o que chamamos de *efeito elástico*. Como a força é proporcional a essa variação, matematicamente temos:

$$F = k \cdot \Delta x$$

Em que:

- F = força, cuja unidade de resposta é N;
- k = constante de proporcionalidade, denominada *constante elástica da mola*, medida, no Sistema Internacional de Unidades (SI), em N/m (Newton por metro);
- Δx = variação na deformação da mola, medida em metros (m).

Essa expressão é conhecida como **lei de Hooke**, em homenagem ao físico inglês, **Robert Hooke** (1635-1703).

Figura 2.19 – Lei de Hooke

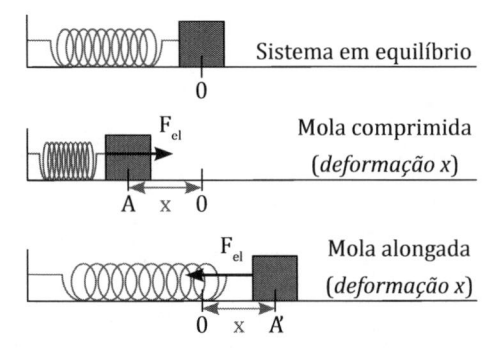

A Figura 2.19 mostra que a mola comprimida (segunda parte) apresenta certa deformação e uma distância, para a qual demos o nome de *x*, o qual terá o mesmo valor na mola comprimida e na mola alongada, pois a mesma força é aplicada (Fel) em ambas as situações.

Vamos à prática: se aplicarmos uma força de 10 N e a mola ficar comprimida numa distância de 20 cm, no momento em que a soltarmos, ela será esticada e fará uma distância também de 20 cm.

Agora vejamos a Figura 2.20, a seguir. Por que, quando queremos utilizar o estilingue, devemos utilizar uma borracha e esticá-la? Voltemos à lei de Hooke: fazendo uma deformação na borracha, esta adquire uma **força** que, de acordo com a segunda lei de Newton, adquire uma aceleração. Automaticamente, o objeto será lançado.

Figura 2.20 – Estilingue

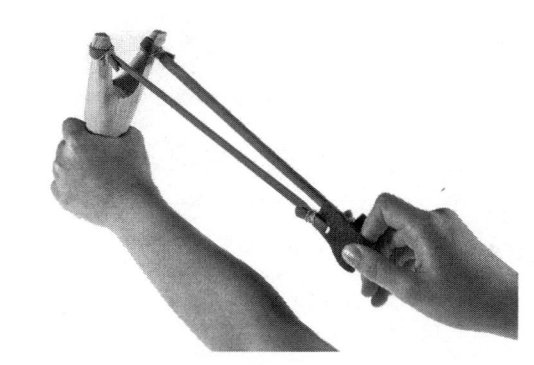

Você percebeu que as leis de Newton estão mais presentes em nosso cotidiano do que poderíamos imaginar? Nesse momento você deve estar sentado e, com certeza, está aplicando uma força para baixo. Mas você poderá se perguntar: "Se estou aplicando uma força, por que não estou me movimentando?". Isso ocorre porque a Terra também está aplicando uma força de mesmo módulo no sentido contrário – logo, se anulam. Nesse caso, você estará em repouso em relação a um referencial.

2.2.4.2 Peso e gravidade

Você, com certeza, algum dia já pensou: "Preciso emagrecer!", ou "Preciso engordar!", certo? Mas o que muita gente confunde são os conceitos de **massa** e **peso**. Vamos voltar à lei da inércia, que é a tendência natural que os corpos têm de se manter em repouso ou em movimento retilíneo uniforme, e compreender a diferença entre esses conceitos.

A **massa** de um corpo é a medida da sua quantidade de inércia, que no SI é o **quilograma (kg)** (não confunda massa com quantidade de matéria, pois esta é medida em mol[1]).

Já o **peso** é o resultado da atração gravitacional entre a Terra, ou outro planeta, e outro corpo qualquer. Além disso, ele é uma força e, assim sendo, é uma grandeza vetorial com módulo, direção e sentido. É por causa dessa força peso que os objetos caem: a Terra exerce sobre eles, mesmo à distância, uma força de atração gravitacional denominada *força peso*. O peso ($\vec{P}$) de um corpo é uma força com direção vertical e sentido para baixo. A intensidade é dada por:

$$\vec{P} = m \cdot \vec{g}$$

[1] *Vamos fazer um raciocínio: 1 dúzia de laranjas são 12 laranjas, já 1 mol de qualquer átomo terá $6,02 \cdot 10^{23}$ átomos, ou seja, 602 00 0 000 000 000 000 0 00 000.*

Em que:

- P = força peso, cuja unidade de resposta é N;
- m = massa, cuja unidade de resposta é kg;
- g = aceleração da gravidade, cuja unidade de resposta é m/s².

Observe a tirinha do Garfield.

Figura 2.21 – Peso e aceleração da gravidade

Espertinho esse gato, não? Agora reflita: por que o Garfield deu essa resposta? Você consegue visualizar na tirinha o erro pensado pelo gato?

Vamos analisar: primeiramente, Jon Arbuckle, seu dono, fala para Garfield "perder" peso, ou seja, reduzir o valor. Em outras palavras, ele pensou que, para perder peso, o gato tem de reduzir a massa ou aceleração da gravidade, isto é, P = m · g. Logo, o gato prefere reduzir a aceleração da gravidade, pois, para reduzir a massa, ele deverá "comer" menos, e se você conhece o Garfield, sabe que isso será muito difícil.

Mas onde está o erro? Está na palavra *gravidade* – o correto seria **aceleração da gravidade**.

2.2.4.3 Tração em um fio (corda-cabo)

Às vezes, precisamos transmitir forças, e os fios (cabos, cordas) são de grande utilidade para isso. A força aplicada por um fio é chamada de *força de tração* e é representada geralmente por $\vec{T}$. Ela atua sempre na direção do fio no sentido a puxar o corpo (empurrar seria improvável, pela falta de rigidez do fio).

Na tirinha a seguir, Jon está usando um fio que está sendo esticado (tracionado) pelo doce.

Figura 2.22 – Tração no fio

Caso você desconsidere a massa do fio e considere apenas a massa (kg) do bolinho, concluirá que a força de tração exercida no fio é a mesma do peso do bolinho. Por exemplo, caso o bolinho tenha 20 g de massa (transformando em quilograma: 20/1 000 = 0,02 kg), se aplicarmos a fórmula da força peso (P = m · g) e utilizarmos 10 m/s² para aceleração da gravidade (g), obteremos P = 0,02 · 10 = 0,2 N.

Portanto, o peso do bolinho é igual à tração exercida por Jon na última imagem da tirinha.

2.2.4.4 Força de reação normal e força de atrito

Quando dois ou mais corpos estão em contato, surge entre eles uma força de interação que geralmente é decomposta em duas: a **força de reação normal** e a **força de atrito**. A **primeira**, representada por $\vec{F}_N$, é a componente que age na direção perpendicular às superfícies, cuja unidade de resposta é dada em N. A **segunda**, representada por $\vec{F}_{at}$, é a componente que age na direção tangente às superfícies, cuja unidade de resposta também é dada em N.

A força de atrito surge apenas quando as superfícies em contato tendem a deslizar uma em relação à outra. Ela atua no sentido contrário ao deslizamento, opondo-se a essa tendência.

Matematicamente, temos:

$$F_{at} = \mu \cdot F_N$$

Em que:

- F_{at} = força de atrito, dada em Newton (N);
- F_N = força normal, também dada em N.

Na equação, μ é o **coeficiente de atrito** – unidade adimensional, ou seja, não há uma unidade de resposta, uma grandeza física, associada a ele.

Novamente percebemos aplicações diárias das forças citadas. É muito comum as pessoas comentarem quanto pesam e, normalmente, os valores estão errados. Veja: se alguém lhe perguntar o seu peso, você provavelmente responderá algo como: "Eu peso 60 quilos", por exemplo. No entanto, essa resposta não está certa, pois quilo (k) representa um valor numérico (1 000), e, para calcularmos o peso, necessitamos da massa (em kg) e da aceleração da gravidade. No caso da pergunta, diríamos que você tem um peso de 600 N (P = 60 · 10 = 600 N), ou 60 kgf (quilograma-força[1]).

Um (1) kgf equivale aproximadamente a 10 N.

Exercícios

1) (Acafe-SC) O Código de Trânsito Brasileiro estabelece, no artigo 65, a obrigatoriedade do uso do cinto de segurança para condutores e passageiros em todas as vias do território nacional. A função básica do cinto de segurança consiste em impedir que os corpos dos ocupantes de um veículo em movimento sejam projetados para frente, no caso de uma colisão frontal. Isso ocorre devido a um comportamento natural de qualquer corpo, descrito pela Primeira Lei de Newton, também conhecida como princípio da inércia. A alternativa correta que compreende tal princípio é:

a) A velocidade de um corpo tem sempre a mesma direção e sentido da força resultante que atua sobre ele.
b) Toda ação é anulada pela reação.
c) Todo corpo permanece em repouso ou movimento retilíneo uniforme, a menos que seja obrigado a mudá-lo por forças atuantes sobre ele.
d) Toda vez que um corpo exerce uma força sobre outro, este exerce sobre aquele uma força de mesma intensidade, mesma direção e sentido contrário.

2) (FGV-EAESP) Quanto às leis de Newton, suas aplicações e consequências, considere as afirmações seguintes.
   I. Se um corpo está sob a ação de duas forças de mesma intensidade, então, ele deve estar em equilíbrio.
   II. Se o motor de um barco exerce sobre a água de um rio uma força de mesma intensidade que a correnteza exerce sobre o barco no sentido oposto, ele deve permanecer em repouso em relação à margem.

III. Ao subir o trecho de serra da rodovia dos Imigrantes, um veículo recebe, da pista, uma força perpendicular ao seu movimento, de intensidade menor que o seu peso.

É correto apenas o que se afirma em:
a) I.
b) II.
c) III.
d) I e II.
e) I e III.

3) (PUC-Rio-RJ) Um paraquedista salta de um avião e cai em queda livre até sua velocidade de queda se tornar constante. Podemos afirmar que a força total atuando sobre o paraquedista após sua velocidade se tornar constante é:
a) nula.
b) vertical para cima.
c) vertical para baixo.
d) horizontal e para a direita.
e) horizontal e para a esquerda.

4) (UEPB) Um aluno de Física, após ter assistido a uma aula sobre o Princípio da Ação e Reação, quer saber como é possível abrir a gaveta de um móvel, se o princípio da Ação e Reação diz que a pessoa que puxa essa gaveta para fora é puxada por ela para dentro, com uma força de mesma intensidade. Assinale a alternativa que contém a afirmação que esclarece essa dúvida corretamente:
a) A força exercida pela pessoa, para fora, é maior que a força exercida pela gaveta, para dentro.
b) As forças são iguais e opostas, mas não se anulam, porque atuam em corpos diferentes.
c) O Princípio da Ação e Reação não é válido nesta situação, por que estão envolvidos dois corpos diferentes.
d) A força exercida pela pessoa é maior do que o peso da gaveta.
e) A gaveta não é um agente capaz de exercer força sobre uma pessoa.

5) (Enem) Uma pessoa necessita da força de atrito em seus pés para se deslocar sobre uma superfície. Logo, uma pessoa que sobe uma rampa em linha reta será auxiliada pela força de atrito exercida pelo chão em seus pés. Em relação ao movimento dessa pessoa, quais são a direção e o sentido da força de atrito mencionada no texto?
a) Perpendicular ao plano e no mesmo sentido do movimento.
b) Paralelo ao plano e no sentido contrário ao movimento.
c) Paralelo ao plano e no mesmo sentido do movimento.

d) Horizontal e no mesmo sentido do movimento.
e) Vertical e sentido para cima.

6) (UEPB) Já considerado como tradição no Maior São João do Mundo, o trem do forró é uma das atrações de sucesso da programação da festa de Campina Grande. Nele as pessoas fazem uma viagem, com destino ao município de Galante, embalados por trios de forró e muita animação nos vagões do transporte. Um casal que se divertia intensamente numa das viagens sentiu certa dificuldade em acertar o passo do forró, pois ora eram lançados para frente, ora para trás, e quando o trem realizava curvas, sentiam-se deslocados para fora das mesmas. Assinale a alternativa que apresenta o conceito ou princípio que está relacionado ao que ocorreu com este casal forrozeiro:
a) Inércia.
b) Queda Livre.
c) Empuxo.
d) Princípio Fundamental da Dinâmica.
e) Princípio da Incerteza.

7) (UFPA) Belém tem sofrido com a carga de tráfego em suas vias de trânsito. Os motoristas de ônibus fazem frequentemente verdadeiros malabarismos, que impõem desconforto aos usuários devido às forças inerciais. Se fixarmos um pêndulo no teto do ônibus, podemos observar a presença de tais forças. Sem levar em conta os efeitos do ar em todas as situações hipotéticas, ilustradas abaixo, considere que o pêndulo está em repouso com relação ao ônibus e que o ônibus move-se horizontalmente.

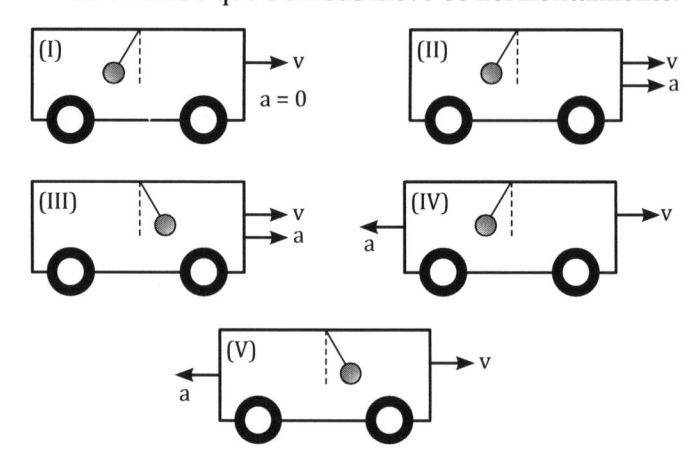

Sendo v a velocidade do ônibus e a sua aceleração, a posição do pêndulo está ilustrada corretamente
a) na situação (I).
b) nas situações (II) e (V).
c) nas situações (II) e (IV).
d) nas situações (III) e (V).
e) nas situações (III) e (IV).

8) (Mackenzie-SP) A mola da figura varia seu comprimento de 10 cm para 22 cm quando penduramos em sua extremidade um corpo de 4N.

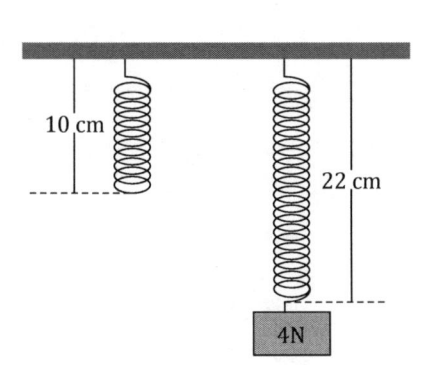

Determine o comprimento total dessa mola quando penduramos nela um corpo de 6N:
a) 24 cm.
b) 26 cm.
c) 28 cm.
d) 30 cm.
e) 32 cm.

9) (UFU-MG) O tiro com arco é um esporte olímpico desde a realização da segunda olimpíada em Paris, no ano de 1900. O arco é um dispositivo que converte energia potencial elástica, armazenada quando a corda do arco é tensionada, em energia cinética, que é transferida para a flecha.

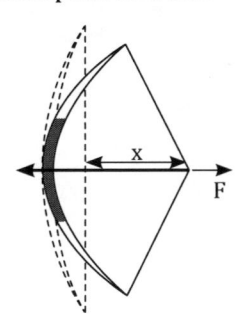

Num experimento, medimos a força F necessária para tensionar o arco até uma certa distância x, obtendo os seguintes valores:

F (N)	160,0	320,0	480,0
x (cm)	10	20	30

O valor e unidades da constante elástica, k, do arco são:
a) 16 m/N.
b) 1,6 kN/m.
c) 35 N/m.
d) $5/8.10^{-2}$ m/N.

10) (UFG-GO) Para proteção e conforto, os tênis modernos são equipados com amortecedores constituídos de molas. Um determinado modelo, que possui três molas idênticas, sofre uma deformação de 4 mm ao ser calçado por uma pessoa de 84 kg. Considerando-se que essa pessoa permaneça parada, a constante elástica de uma das molas será, em kN/m, de:
a) 35,0.
b) 70,0.
c) 105,0.
d) 157,5.
e) 210,0.

capítulo três

Energia (noção de energia, energias cinética, potencial e mecânica) e potência

Quando você come muito, sente-se culpado(a) depois? Pratica algum exercício físico para "perder" o que ganhou?

Apresentamos, no Quadro 3.1, a seguir, alguns tipos de alimentos, suas calorias e quanto (tempo, minutos ou horas) você deve praticar de atividade esportiva para compensar o que comeu.

Quadro 3.1 – Alimento versus atividade física

Alimento	Atividade física
100 g de Chocolate ao leite (540 kcal*)	Equivale a uma hora de corrida moderada
Linguiça (250 kcal)	30 minutos de futebol
Fatia de pizza de calabresa (320 kcal)	40 minutos de patins
100 g de biscoito recheado (470 kcal)	Duas horas de bicicleta
Duas conchas de feijoada (270 kcal)	Uma hora de caminhada
Fatia de bolo de chocolate (400 kcal)	Uma hora de tênis
Empadão de frango (280 kcal)	Uma hora de vôlei

*Kcal (quilocaloria = 1 000 calorias).
Fonte: Adaptado de Globo Esporte.com, 2013.

Você sabia que, para consumir a energia fornecida por uma barra de 100 g de chocolate, por exemplo, se a massa do corpo de uma pessoa for de aproximadamente 80 kg, ela deverá subir uma escadaria de 675 m de altura (em torno de 3 900 degraus e 225 andares)?

Vamos aos cálculos para você compreender melhor:

- Uma barra de chocolate de 540 kcal é igual a 540 000 cal;
- um andar tem aproximadamente 3 m de altura;
- a massa da pessoa utilizada como exemplo é de 80 kg;
- geralmente, um degrau tem em torno de 17 cm.

Agora, partiremos para os cálculos. A fórmula da energia potencial gravitacional é:

$$E = m \cdot g \cdot h$$

Aplicando essa fórmula nos dados que temos:

$$540\,000 = 80 \cdot 10\,h$$

$$h = 675 \text{ m}$$

Se cada andar tem em torno de 3 m, concluímos que o total será de 225 andares (675/3). E se cada degrau tem em torno de 17 cm e 675 m é igual a 67 500 cm, chegamos a 3 970 degraus, ou seja, 67 500/17.

Analisando o Quadro 3.1, apresentado anteriormente, você percebeu que precisamos fazer muita atividade física para equilibrar o que ingerimos durante o dia. Atualmente, é comum não controlarmos o que ingerimos e, assim, adquirirmos sobrepeso. Você não deve ficar neurótico e controlar tudo que come, mas é bom ter uma noção dos valores energéticos dos alimentos ingeridos. Toda embalagem de produtos alimentícios deve apresentar essas informações, como exemplificado na Tabela 3.1, a seguir.

Tabela 3.1 – Rótulo com informação nutricional

| INFORMAÇÃO NUTRICIONAL |
| INFORMACIÓN NUTRICIONAL |

PORÇÃO / PORCIÓN DE 30g (9 UNIDADES / UNIDADES)		
QUANTIDADE POR PORÇÃO / CANTIDAD POR PORCIÓN		%VD*
VALOR ENERGÉTICO / CALORÍAS	119kcal = 500kJ	6%
CARBOIDRATOS / CARBOHIDRATOS	20g	7%
PROTEÍNAS / PROTEÍNAS	2,1g	3%
GORDURAS TOTAIS / GRASAS TOTALES	3,4g	6%
GORDURAS SATURADAS / GRASAS SATURADAS	1,5g	7%
GORDURAS TRANS / GRASAS TRANS	0g	-
FIBRA ALIMENTAR / FIBRA ALIMENTARIA	1,3g	5%
SÓDIO / SODIO	47mg	2%
FERRO / HIERRO	0,83mg	6%

*% Valores diários com base em uma dieta de 2.000 kcal ou 8.400 kJ. Seus valores diários podem ser maiores ou menores dependendo de suas necessidades energéticas. *% Valores diarios con base en una dieta de 2.000 calorías u 8.400 kJ. Sus valores diarios pueden ser mayores o menores dependiendo de sus necesidades energéticas.

Jasmine Alimentos

Não é muito usual utilizarmos unidades de energia, como joule (J), mas, sim, quilocaloria (kcal). No entanto, no Sistema Internacional de Unidades (SI), a energia é dada em J.

Existe uma relação matemática para transformarmos calorias em J. Veja o rótulo da embalagem de um tipo de biscoito na Tabela 3.1.

Agora, vamos analisar o primeiro item da tabela nutricional, que informa que para nove biscoitos, o valor energético é de 119 kcal (500 kJ).

Fazendo a divisão, temos:

119 kcal = 500 kJ

1 cal = x

x = 4,2 J

Logo, 1 cal = 4,2 J.

Quando falamos nas energias elétrica, eólica, solar e atômica, estamos falando do mesmo tipo de energia do chocolate? Mas, afinal, o que é *energia*?

Na ciência, há certo impasse na definição exata do que é energia, pois ela não é um conceito independente. Apesar da dificuldade em definir a grandeza de uma maneira única, temos situações bem simples, em que um corpo ou partícula possui energia na mecânica. São esses casos:

- quando está em movimento;
- quando colocado em certa posição, tem a possibilidade de iniciar movimento espontaneamente.

Bom, vamos falar de coisas mais fáceis, pois neste momento trabalharemos com a energia mecânica. Temos basicamente dois tipos de energia: **cinética** e **potencial**.

3.1 Energia cinética

Quando um objeto está em movimento, há energia cinética associada. Ela depende da velocidade (v) e da massa (m). Pense em uma esteira de academia: quanto mais rápido corremos nela, mais perdemos calorias, certo?

Nesse sentido, a equação da energia cinética é dada por:

$$E_c = \frac{1}{2} \cdot m \cdot v^2$$

Em que:

- E_c = energia cinética, cuja unidade de resposta é dada em joule (J);
- m = massa, cuja unidade de resposta é dada em quilograma (kg);
- v = velocidade, cuja unidade de resposta é dada em metros por segundo (m/s).

Vamos supor que uma pessoa correndo em uma esteira tenha uma massa de 60 kg e esteja numa velocidade de 5 m/s (18 km/h).

Figura 3.1 – Energia cinética

Sergey Nivens/Shutterstock

Assim, teremos uma energia de 750 J. Matematicamente, temos:

$$E_c = \frac{1}{2} \cdot 60 \cdot 5^2 = \frac{60 \cdot 25}{2} = 750 \text{ J}$$

A unidade de resposta de energia é sempre dada em J, mas, em nosso cotidiano, ela é visualizada também em kcal (geralmente em alimentos) e em kWh (energia elétrica).

3.2 Energia potencial

É o tipo de energia mecânica que está relacionada com as posições do objeto e que pode se tornar energia cinética. Existem vários tipos de energia potencial, porém as mais conhecidas são a **gravitacional** e a **elástica**.

A energia potencial gravitacional é dada por:

$$E_{pg} = m \cdot g \cdot h$$

Em que:

- E_{pg} = energia potencial gravitacional, cuja unidade de resposta é dada em J;
- m = massa, cuja unidade de resposta é dada em kg;
- g = aceleração da gravidade, cuja unidade de resposta é dada em m/s²;
- h = altura, cuja unidade de resposta é dada em m.

Quando você sobe uma escada, por exemplo, está automaticamente aumentando sua altura (h) e, consequentemente, sua energia.

Figura 3.2 – Energia potencial gravitacional

Onixxino/Shutterstock

Na próxima figura veremos a transformação de uma energia em outra. Perceba que o objeto está a uma certa altura, é abandonado e cai livremente. Como está numa determinada altura, ele tem energia potencial gravitacional e, no momento da queda, adquire velocidade, ou seja, energia cinética.

Figura 3.3 – Transformação de energia potencial gravitacional em energia cinética

Vicente Mendonça

Fonte: Adaptado de Escuela Universitaria de Ingeniería Técnica Forestal, 2016.

No caso da Figura 3.3, se transformarmos a energia potencial **gravitacional** em **cinética**, a esfera perderá altura ($E_{pg} = m \cdot g \cdot h$) e ganhará velocidade ($E_c = \frac{1}{2} \cdot m \cdot v^2$).

Agora, observe a Figura 3.4.

Figura 3.4 – Energia potencial elástica

No caso do arco e flecha, ao deformar o arco, este adquire energia elástica. Novamente, todas as energias têm como unidade de resposta o joule (J).

A energia potencial elástica é dada por:

$$E_{pe} = \frac{k \cdot x^2}{2}$$

Em que:

- E_{pe} = energia potencial elástica, cuja unidade de resposta é dada em J;
- k = constante elástica da mola, cuja unidade de resposta é dada em N/m;
- x = deformação feita na mola, cuja unidade de resposta é dada em m.

3.3 Energia mecânica

Chamamos de *energia mecânica* a soma da energia cinética e da energia potencial. Matematicamente falando, temos:

$$E_m = E_c + E_p$$

É importante ressaltarmos que a energia nunca é criada ou destruída, sempre transformada em outra. E isso nos leva a uma das importantes leis da física: **a lei da conservação da energia mecânica**, para a qual a energia inicial é sempre igual a final, apenas foi transformada no trajeto. Ou seja:

$$E_{mec\ inicial} = E_{mec\ final}$$

Na obra *Tratado elementar de química*, publicada em 1789, o químico francês **Antoine Laurent Lavoisier** (1743-1794) enunciou uma das mais importantes frases pela qual foi imortalizado: "Na natureza nada se cria, nada se perde, tudo se transforma".

3.4 Trabalho como variação de energia potencial

Realizar trabalho significa usar uma força para mover um objeto por uma distância determinada. Se a força aplicada estiver no mesmo sentido de deslocamento, dizemos que o trabalho será **positivo** (trabalho motor); se a força estiver no sentido contrário ao deslocamento, dizemos que o trabalho será **negativo** (trabalho resistente)

Na física, o trabalho é representado pela letra grega τ. Assim, matematicamente, temos:

$$\tau_F = F \cdot \cos\theta \cdot d \quad \text{ou} \quad \tau_F = F_x \cdot d$$

Sua unidade no Sistema Internacional de Unidades (SI) é o joule (J) – uma homenagem feita a **James Prescott Joule** (1818-1889). Assim, constatamos que 1 J é o trabalho realizado pela força de 1 N atuando por uma distância de 1 m, isto é:

$$1\,J = 1\,N \cdot 1\,m = 1\,N \cdot m$$

Veja agora a Figura 3.5.

Figura 3.5 – Trabalho nulo

Tim_Booth/Shutterstock

Apesar de uma pessoa estar carregando um objeto sobre a sua cabeça, como uma lata com água, e estar fazendo um esforço enorme, para a física, ela não está realizando trabalho, pois a força e o deslocamento são perpendiculares (90°), o que torna o trabalho nulo.

3.5 Potência

Para iniciar o estudo sobre potência, imagine a seguinte situação: você resolve comprar um aparelho de som, mas, por descuido, esquece de verificar as especificações dos aparelhos e acaba observando somente a marca, o modelo (aparência) e o valor. Pesquisando em três lojas diferentes, você observa as seguintes informações contidas em folhetos de divulgação de eletroeletrônicos:

- Loja 1: *Mini System* – 2 000 W – R$ 599,99.
- Loja 2: *Mini System* – 400 W RMS – R$ 599,99.
- Loja 3: *Mini System* – 1 500 W PMPO – R$ 599,99.

Analisando as ofertas dos três aparelhos, você percebe que todos têm o mesmo preço. Qual seria o mais indicado para comprar?

Primeiramente, é preciso observar a especificação da tensão (127 V ou 220 V). Quando você recebe sua fatura de consumo de energia elétrica (popularmente conhecida como *conta de luz*), os indicadores de qualidade informam a tensão contratada para sua residência.

Observe a Figura 3.6, a seguir.

Figura 3.6 – Fatura de energia elétrica

Indicadores de Qualidade				
Conjunto: BARIGUI Mês Ref.: 10/2015				
	DIC	FIC	DMIC	EUSD (R$)
Realizado:	0,00	0,00	0,00	24,47
Limite Mensal:	4,95	3,17	2,77	
Limite Trimestral:	9,91	6,35	-	
Limite Anual:	19,82	12,70	-	
Tensão Contratada: 127 volts				
Limite Adequado de Tensão: 117 a 133				

O não cumprimento dos indicadores DIC, FIC, DMIC e DICRI definidos pela ANEEL resulta em compensação financeira ao consumidor pela concessionária no faturamento. É direito do consumidor solicitar a apuração destes indicadores a qualquer tempo.

Fonte: Acervo pessoal do autor.

Agora, sabemos que a tensão contratada é de 127 V e que os limites de tensão são 117 V a 133 V. Com base nessas informações, descobrimos que você não pode comprar um aparelho com valores nominais de tensão inferiores a 117 V ou superiores a 133 V. O ideal (e correto) será comprar um aparelho com tensão nominal igual à contratada, no caso, 127 V.

Observação

Alguns aparelhos importados são fabricados para operar com tensão de 110 V. Nesse caso, não é aconselhável comprá-los, pois acabarão apresentando um maior consumo de energia, terão mau desempenho e poderão até queimar.

De acordo com testes feitos pelo Instituto Nacional de Metrologia, Qualidade e Tecnologia (Inmetro), a potência em RMS[i] é a mais adequada para informar ao consumidor parâmetros necessários à comparação de aparelhos de som de marcas distintas, pois corresponde à potência efetiva que um equipamento é capaz de fornecer sem distorções por tempo indeterminado.

Quando o consumidor considera apenas a potência PMPO[ii], pode estar levando "gato por lebre". Isso acontece porque, como não existe uma norma técnica para se efetuar a medição de potência PMPO, fica muito difícil determinar a relação entre essa potência e o

---

[i] *Em inglês, root mean square. Corresponde à potência efetiva que um equipamento é capaz de fornecer sem distorções, por tempo indeterminado; é a potência útil do aparelho, ou seja, o que realmente se utiliza, no caso, o som.*

[ii] *Em inglês, peak music power output. É a potência total do equipamento, considerando-se todos os seus itens; portanto, não representa o valor real do aparelho, mas, sim, seu valor máximo obtido no período de teste.*

RMS. Em resumo, o RMS seria a potência útil, ou seja, a que realmente está sendo utilizada (no exemplo do aparelho de som, a potência sonora), enquanto a PMPO seria a potência total.

> O Inmetro instituiu a Portaria n. 268, de 21 de setembro de 2009, que revogou a Portaria n. 54, de 15 de março de 2006, a qual trata da especificação correta da potência nos aparelhos de som comercializados no Brasil. O art. 1º estabelece que "Determinar que, em havendo informação sobre potência sonora de equipamentos cuja função seja emitir som, comercializados no mercado nacional, esta deve ser expressa em watts RMS (Root Mean Square)" (Inmetro, 2009).

Voltemos à compra do aparelho: a **loja 1** não diz se a potência é RMS ou PMPO; a **loja 2** afirma que a potência especificada é RMS; e a **loja 3** especifica que a potência é do tipo PMPO.

Supondo que todos os aparelhos tenham tensão nominal de 127 V, que na loja 1 a potência RMS seja de 200 W e que na loja 3 seja de 150 W (em torno de 10% do valor que consta no folheto de divulgação), concluímos que o melhor aparelho para comprar é o da **loja 2**.

Diante do que falamos, perceba a importância de lermos os manuais antes de efetuarmos uma compra. Pesquisar, comparar e verificar suas reais necessidades são atitudes essenciais para fazer compras mais conscientes e adequadas.

E como calculamos a potência dos aparelhos?

Sabemos que o trabalho realizado por uma força é **energia transferida**, e que esta pode assumir várias formas. Vimos também que a energia pode se converter de uma forma para outra. Mas o que indica a "rapidez" com que ocorre essa transmissão ou conversão é a **potência**, dada por:

$$P_M = \frac{\tau}{\Delta t}$$

No SI, a unidade de potência é o joule por segundo (J/s). No entanto, essa unidade recebe o nome ***watt* (W)**, em homenagem a James Watt (1736-1819). Existem outras unidades de potência usuais, como ***horse-power* (hp)** – 1 hp equivale a 746 W; e **cavalo-vapor (cv)** – 1 cv equivale a 735 W.

Em algumas áreas, como a eletricidade, a potência é comumente medida em **quilowatt (kW)**. Nesse caso, normalmente o intervalo de tempo é medido em horas, então o trabalho (energia consumida) será medido em **quilowatt-hora (kWh)**.

Exercícios

1) (Enem) Os carrinhos de brinquedo podem ser de vários tipos. Dentre eles, há os movidos a corda, em que uma mola em seu interior é comprimida quando a criança puxa o carrinho para trás. Ao ser solto, o carrinho entra em movimento enquanto a mola volta à sua forma inicial. O processo de conversão de energia que ocorre no carrinho descrito também é verificado em:

a) um dínamo.
b) um freio de automóvel.
c) um motor a combustão.
d) uma usina hidroelétrica.
e) uma atiradeira (estilingue).

2) (Unicamp-SP) As eclusas permitem que as embarcações façam a transposição dos desníveis causados pelas barragens. Além de ser uma monumental obra de engenharia hidráulica, a eclusa tem um funcionamento simples e econômico. Ela nada mais é do que um elevador de águas que serve para subir e descer as embarcações. A eclusa de Barra Bonita, no rio Tietê, tem um desnível de aproximadamente 25 m. Qual é o aumento da energia potencial gravitacional quando uma embarcação de massa m = 1,2 · 10^4 kg é elevada na eclusa?

a) $4,8 \cdot 10^2$ J.
b) $1,2 \cdot 10^5$ J.
c) $3,0 \cdot 10^5$ J.
d) $3,0 \cdot 10^6$ J.

3) (Enem) No processo de obtenção de eletricidade, ocorrem várias transformações de energia. Considere duas delas:

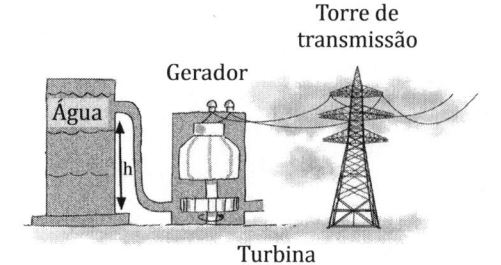

I. cinética em elétrica
II. potencial gravitacional em cinética

Analisando o esquema a seguir, é possível identificar que elas se encontram, respectivamente, entre:

a) I – a água no nível h e a turbina,
   II – o gerador e a torre de distribuição.
b) I – a água no nível h e a turbina,
   II – a turbina e o gerador.
c) I – a turbina e o gerador,
   II – a turbina e o gerador.
d) I – a turbina e o gerador,
   II – a água no nível h e a turbina.
e) I – o gerador e a torre de distribuição,
   II – a água no nível h e a turbina.

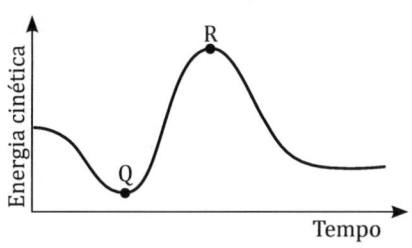

4) (UFMG) Rita está esquiando numa montanha dos Andes. A energia cinética dela em função do tempo, durante parte do trajeto, está representada neste gráfico:

Os pontos Q e R, indicados nesse gráfico, correspondem a dois instantes diferentes do movimento de Rita. Despreze todas as formas de atrito. Com base nessas informações, é **correto** afirmar que Rita atinge:
a) velocidade máxima em Q e altura mínima em R.
b) velocidade máxima em R e altura máxima em Q.
c) velocidade máxima em Q e altura máxima em R.
d) velocidade máxima em R e altura mínima em Q.

5) (UFPE) Com base na figura a seguir, calcule a menor velocidade com que o corpo deve passar pelo ponto A para ser capaz de atingir o ponto B. Despreze o atrito e considere g = 10 m/s².

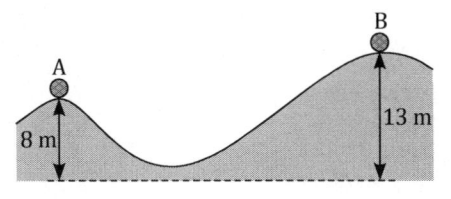

a) 2 m/s.
b) 4 m/s.
c) 6 m/s.
d) 8 m/s.
e) 10 m/s.

6) (Unicamp-SP) Um brinquedo que muito agrada às crianças são os lançadores de objetos em uma pista. Considere que a mola da figura a seguir possui uma constante elástica k = 8 000 N/m e massa desprezível. Inicialmente, a mola está comprimida de 2,0 cm e, ao ser liberada, empurra um carrinho de massa igual a 0,20 kg. O carrinho abandona a mola quando esta atinge o seu comprimento relaxado, e percorre uma pista que termina em uma rampa. Considere que não há perda de energia mecânica por atrito no movimento do carrinho.

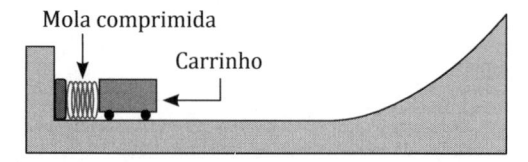

Qual é a velocidade do carrinho quando ele abandona a mola?
a) 1 m/s.
b) 2 m/s.
c) 3 m/s.
d) 4 m/s.
e) 5 m/s.

7) (UFSM-RS) Leia a informação a seguir.

A construção de usinas geradoras de eletricidade causa impacto para o meio ambiente, mas pode proporcionar uma melhor qualidade de vida, trazendo conforto em residências.

Observe a figura:

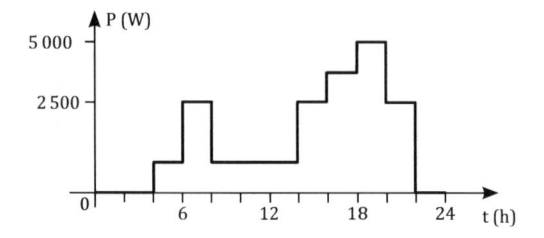

Essa figura representa a potência em W consumida numa residência alimentada por uma tensão de 220 V ao longo de um dia. A energia consumida no período de maior consumo, em kWh, é de:

a) 5.
b) 10.
c) 50.
d) 100.
e) 440.

8) (PUCRS) Considere a figura a seguir, que representa uma parte dos degraus de uma escada, com suas medidas.

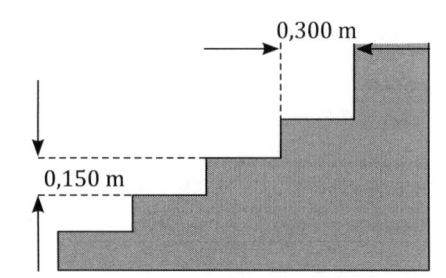

Uma pessoa de 80,0 kg sobe 60 degraus dessa escada em 120 s num local onde a aceleração da gravidade é de 10,0 m/s^2. Desprezando eventuais perdas por atrito, o trabalho realizado ao subir esses 60 degraus e a potência média durante a subida são, respectivamente,

a) 7,20 kJ e 60,0 W.
b) 0,720 kJ e 6,00 W.
c) 14,4 kJ e 60,0 W.
d) 1,44 kJ e 12,0 W.
e) 14,4 kJ e 120 W.

9) (Unesp-SP) O teste Margaria de corrida em escada é um meio rápido de medida de potência anaeróbica de uma pessoa. Consiste em fazê-la subir uma escada

de dois em dois degraus, cada um com 18 cm de altura, partindo com velocidade máxima e constante de uma distância de alguns metros da escada. Quando pisa no 8º degrau, a pessoa aciona um cronômetro, que se desliga quando pisa no 12º degrau. Se o intervalo de tempo registrado para uma pessoa de 70 kg foi de 2,8 s e considerando a aceleração da gravidade igual a 10 m/s², a potência média avaliada por este método foi de:
a) 180 W.
b) 220 W.
c) 432 W.
d) 500 W.
e) 644 W.

10) (Unesp-SP) Um motor de potência útil igual a 125 W, funcionando como elevador, eleva a 10 m de altura, com velocidade constante, um corpo de peso igual a 50 N, no tempo de:

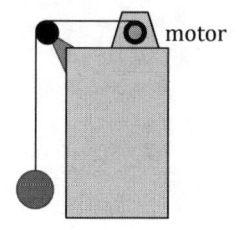

a) 0,4 s.
b) 3,5 s.
c) 12,5 s.
d) 5,0 s.
e) 4,0 s.

capítulo quatro

Hidrostática (fundamentos, densidade, pressão e pressão atmosférica),

A hidrostática tem dois fundamentos muito importantes: a **densidade** e a **pressão**. Se compreendermos bem esses dois conceitos, os demais serão mais fáceis de serem entendidos. Com a densidade, é possível analisarmos se um produto foi adulterado ou não, como a gasolina. É por isso que devemos ficar atentos à densidade da gasolina, da água e do álcool. No que diz respeito à pressão, imagine uma seringa e uma agulha. Sabemos que existem inúmeros modelos de seringas no mercado, para diversas finalidades. No caso das seringas, alguns modelos são para aplicação subcutânea, intramuscular, entre outras. Para tanto, é necessário saber qual modelo deverá ser utilizado com base na pressão que será aplicada na seringa.

Sendo assim, vamos iniciar nossos estudos sobre a hidrostática?

4.1 Fundamentos da hidrostática

O que seringas, macaco hidráulico, submarino, canudinho de refrigerante e balão de ar quente têm em comum? Todos utilizam o conceito de **hidrostática** para seu funcionamento.

E você sabe o que é um *fluido*? Os gases e líquidos são exemplos de fluidos, pois têm a forma do recipiente que ocupam, ou seja, **não têm forma**, e também apresentam um movimento relativo entre as partes que o compõem. Muitas vezes, não falamos sobre a força de um fluido, mas sim sobre a pressão exercida sobre ou por ele.

Nesse sentido, a hidrostática estuda a pressão e o equilíbrio dos fluidos que se submetem à ação gravitacional. Mas, antes de falarmos sobre o conceito da hidrostática propriamente dito, vamos conhecer outros conceitos importantes.

4.1.1 Densidade

Sabemos que se colocarmos água e óleo no mesmo recipiente, eles não irão ser misturar, certo? Isso ocorre porque, por serem materiais diferentes, apresentam características diferentes, e uma delas é a **densidade**. Você provavelmente já reparou que o óleo sempre fica na parte de cima do recipiente. Isso se deve ao fato de o óleo ser menos denso que a água. Logo, a água, por ser mais densa, ocupa a parte inferior do recipiente.

Figura 4.1 – Água e óleo em um mesmo recipiente

Na Figura 4.2, vemos vários líquidos com densidades diferentes. Na parte superior há álcool, depois óleo, água e, por fim, mel.

Figura 4.2 – Densidades diferentes

Veja, a seguir, a densidade (ρ) de cada uma das substâncias:

- $\rho_{álcool}$ = 0,79 g/cm³;
- $\rho_{óleo}$ = 0,92 g/cm³;
- $\rho_{água}$ = 1 g/cm³;
- ρ_{mel} = 1,33 g/cm³.

Mas, afinal, o que é **densidade**?

É a razão entre a massa (m) e o volume (V) ocupados por certo material. Matematicamente, temos:

$$\rho = \frac{m}{V}$$

Sua unidade no Sistema Internacional de Unidades (SI) é o kg/m³, mas também podemos usar o g/cm³.

Muitas vezes, é necessário utilizar a **densidade relativa (ρ_r)**, que nada mais é do que a razão entre a densidade do material e a densidade da água, ou seja:

$$\rho_r = \frac{\rho}{\rho_{água}}$$

Para transformar g/cm³ em kg/m³, basta multiplicarmos por 1 000.

Agora, observe a Figura 4.3 e reflita: O que é mais pesado, o bloco de isopor de 5 kg ou o bloco de chumbo, também de 5 kg?

Figura 4.3 – Blocos de chumbo e de isopor

Obviamente, você dirá que ambos têm o mesmo peso e, é claro, novamente você acertou.

Veja o seguinte comparativo de tamanho (volume) entre os blocos de chumbo e de isopor.

Figura 4.4 – Comparação entre o tamanho de um bloco de chumbo e outro de isopor

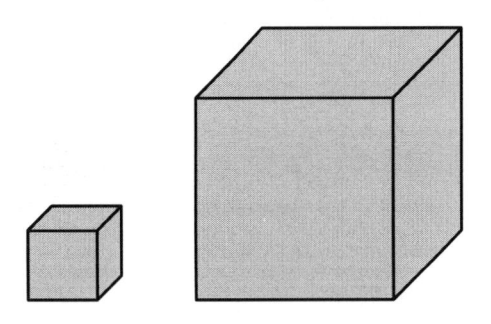

Quem é mais denso?

Analisando as imagens, concluímos que é o **chumbo**. Os dois blocos têm a mesma massa, mas volumes diferentes. Assim, como o chumbo tem **volume menor**, sua densidade será **maior** $\left(\uparrow\rho=\dfrac{m}{V\downarrow}\right)$. O isopor, ao contrário, tem maior volume, mas sua densidade é menor $\left(\downarrow\rho=\dfrac{m}{V\uparrow}\right)$.

4.1.2 Pressão

Os pneus dos veículos entram em contato direto com o solo e proporcionam estabilidade, segurança e conforto. Mas, para que isso aconteça, os pneus devem estar com a **pressão** correta indicada pelo fabricante, além de profundidade dos sulcos, alinhamento e balanceamento das rodas adequados.

Antes de o fabricante determinar a pressão do pneu, vários fatores são estudados até que o desejável seja alcançado. Entre eles estão o peso que terão de suportar, o conforto do(s) passageiro(s), a economia do combustível, a durabilidade dos componentes do carro e a segurança.

Antes, porém, de darmos sequência aos demais assuntos, vamos parar e refletir sobre a pressão de que estamos falando. Alguns tipos de pneus informam que a calibragem adequada deve ser de 30 psi, 33 psi, e por aí vai.

Mas o que é **psi**?

Significa *pounds per square inch*, ou seja, "libras por polegada ao quadrado":

1 psi = 1 lb/pol²

Em outras palavras, para realizar a operação matemática, dividimos as libras (lb) pela polegada ao quadrado (pol²), e a razão (divisão) entre essas grandezas é chamada de *pressão*.

Matematicamente, temos:

$$P=\dfrac{F}{A}$$

Em que:

- P = pressão;

- F = força;
- A = área.

A unidade de resposta da pressão no SI é N/m², pois a força é dada em newton (N) e a área, em metros ao quadrado (m²). Mas nada impede que trabalhemos com outras unidades de pressão.

A Tabela 4.1, a seguir, mostra algumas das conversões mais comuns entre as unidades de pressão.

Tabela 4.1 – Unidades de pressão – Conversões

	bar	Pa*	atm**
1 bar	1	10^5	0,987
1 Pa	10^{-5}	1	$0,987 \cdot 10^{-5}$
1 atm	1,01	$1,01 \cdot 10^5$	1

Nota*: Pa = Pascal;
Nota**: atm = atmosfera.
Fonte: Adaptado de Hidraulicart, 2016.

Para que você não precise decorar essa tabela, perceba que os valores apresentados são próximos de 1 (1,01 e 0,987) e da potência de base 10 (10^5).

Algumas observações importantes
- 1 Pa (pascal) é equivalente a 1 N/m².
- 1 atm (atmosfera) é equivalente 10^5 Pa = 10^5 N/m².
- 1 atm equivale a 14,7 psi.
- 1 lb equivale a aproximadamente 0,45 kg.
- 1 lbf equivale 4,5 N.
- 1 pol equivale 2,54 cm.
- 1 kgf[i] equivale 10 N.

Unidades de força
- Quilograma-força → 1 kgf = 9,80665 N → 9,81 N ≅ 10 N.
- Libra-força → 1 lbf = 0,45359237 kg × 9,80665 m/s² = 4,448 N ≅ 4,5 N.

Lembre-se de que verificar a calibragem dos pneus é muito importante. O recomendado é que seja feita semanalmente e quando for viajar. Mas, se você percorre longas distâncias e utiliza asfalto de péssima qualidade, é bom inspecionar com mais frequência. Além disso, especialistas recomendam que a calibragem seja feita sempre com os pneus frios[ii], caso contrário, a diferença (antes e depois) pode resultar em até 4 psi.

Verifique sempre a pressão recomendada pelo fabricante, que geralmente se encontra no manual do proprietário, na coluna da porta do motorista ou dentro do porta-luvas. Ali, você visualizará a calibragem para os pneus dianteiros e traseiros, tanto para carros vazios quanto aqueles com carga máxima.

[i] No antigo sistema métrico, a unidade de força era o kgf (quilograma-força) e, no sistema imperial, era a lbf (libra-força).

[ii] Pneus frios = ter rodado no máximo 2 km com velocidade reduzida e estar com o carro parado no mínimo a 1 hora.

Figura 4.5 – Calibragem dos pneus

	Gasolina/Álcool		
	Pressão dos pneus – frio (bar/psi)		
175/70 R14	👥🧳	2.1/30	2.1/31
	👥👥👥🧳🧳🧳	2.2/32	2.7/39
185/65 R14	👥🧳	2.0/29	2.1/31
	👥👥👥🧳🧳🧳	2.1/31	2.7/39
195/55 R15	👥🧳	2.0/29	2.1/31
	👥👥👥🧳🧳🧳	2.1/31	2.5/36
			5U0 010 602 L

O manual do proprietário do veículo informa a pressão que deve ser aplicada nos pneus na calibragem e, geralmente, essa informação também consta na lateral da porta do motorista. Na Figura 4.5, temos o modelo dos pneus, que é 175/70 R14. Com o carro vazio, deve ser aplicado 30 psi[i] (2.1 bar[ii]) nos pneus dianteiros e 31 psi nos pneus traseiros. Mas, caso o carro esteja cheio, principalmente o porta-malas, os valores serão 32 psi nos pneus dianteiros e 39 nos pneus traseiros (2.7 bar).

Vamos mudar um pouco de assunto? Pense na seguinte situação: com o dedo indicador da mão direita, você aperta a cabeça de um prego, que está em pé, contra um pedaço de madeira. Já com o indicador da mão esquerda, você realiza a mesma ação, porém o prego está ao contrário, ou seja, você aperta a ponta dele. Sendo assim, o que dói mais: apertar a ponta ou a cabeça do prego? E o que isso nos diz sobre esse fato?

Figura 4.6 – Pressão

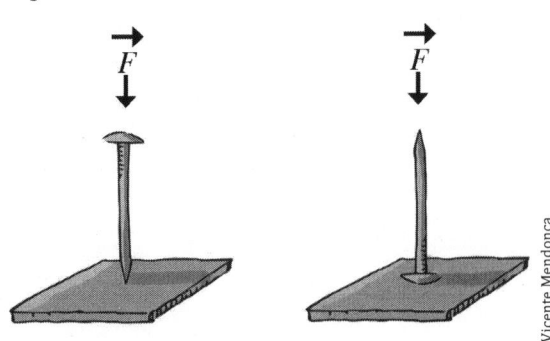

Isso mostra que o conceito conhecido por pressão (não é pressão psicológica, hein?!) depende tanto da força que aplicamos quanto da área. Ou seja, matematicamente, temos:

$$P = \frac{F}{A}$$

Lembre-se de que a força aplicada é a mesma (tanto na ponta do prego como na outra extremidade). Logo, analisando a fórmula, sobre a área (A) e a pressão (P), concluímos que quanto menor a área, maior será a pressão, e vice-versa. Por esse motivo é que sentimos maior "dor" quando pressionamos a ponta do prego, pois a área é menor, o que acarreta maior pressão.

---

[i] Psi é a sigla para "pound force per square inch", ou libra-força por polegada quadrada.

[ii] Um (1) bar equivale a aproximadamente 14,5 psi.

4.1.3 Pressão atmosférica

Mergulhadores (profissionais ou não) sabem que, quanto mais fundo nadam, maior é a pressão sentida, pois existe uma camada muito grande de líquido sobre o seu corpo.

Figura 4.7 – Pressão atmosférica

Ao nível do mar, a pressão atmosférica tem um valor $1 \cdot 10^5$ Pa (conforme tabela).

Já os alpinistas e paraquedistas sabem que, quanto mais alto estão, menor será a pressão. Isso acontece porque o ar é mais rarefeito (pouco denso) conforme a altitude, ou seja, a densidade muda de valor.

A Figura 4.8, a seguir, demonstra o que acontece quando um indivíduo escala uma montanha.

Figura 4.8 – Altitude *versus* pressão atmosférica

Fonte: Adaptado de Revista Nova Escola, 2012.

No topo da montanha, as moléculas de ar ficam mais distantes uma das outras, já no solo ocorre o contrário. Quanto mais concentradas estão as moléculas (ação da força da gravidade), maior será a pressão atmosférica.

Você sabia que quando há jogos da Copa América em La Paz, na Bolívia, os atletas sentem falta de ar (oxigênio no organismo) e, por isso, necessitam permanecer mais dias na cidade para se adaptar ao clima da região? A Figura 4.9 ilustra que, quanto maior a altitude, menor será a pressão atmosférica.

Figura 4.9 – Relação entre pressão e altitude

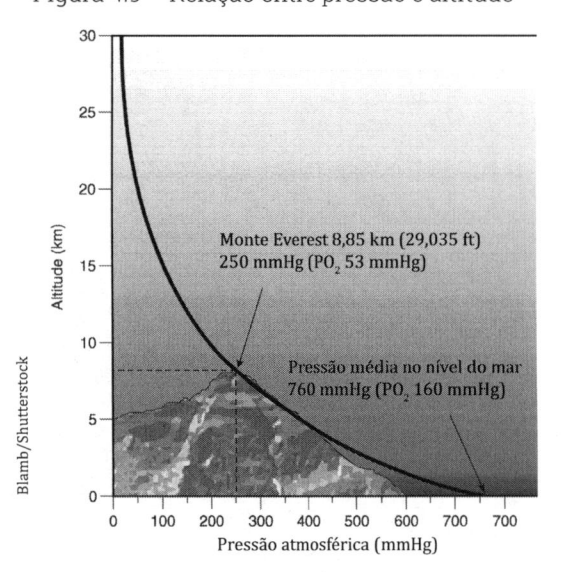

Monte Everest 8,85 km (29,035 ft)
250 mmHg (PO$_2$ 53 mmHg)

Pressão média no nível do mar
760 mmHg (PO$_2$ 160 mmHg)

Blamb/Shutterstock

A seguir, leia uma reportagem da *Revista Superinteressante* sobre os principais efeitos da altitude para o nosso organismo.

Quais são os principais efeitos da altitude sobre o corpo humano?

Toda Copa América é a mesma ladainha: jogar em La Paz é "impossível". Bem, não se trata de desculpa da Seleção brasileira: correr nos gramados da Bolívia é mesmo de tirar o fôlego. A maioria das reações provocadas pela altitude no corpo é causada pelo fenômeno da hipóxia, a falta de oxigênio no organismo. Em La Paz, a 3 600 metros de altitude, a quantidade de oxigênio no ar é 36% menor que a em um estádio situado perto do nível do mar, como o Maracanã. "Todo o organismo sente a queda da oferta de oxigênio", diz Thaís Russomano, especialista em Medicina Aeroespacial da Pontifícia Universidade Católica do Rio Grande do Sul. "Para não perder rendimento, os atletas precisariam passar cerca de 30 dias se aclimatando com a nova altitude". Outra saída para fugir desses efeitos seria chegar alguns instantes antes da partida – já que as reações mais agudas se manifestam cerca de 120 minutos depois de o corpo chegar nessa altitude. Até mesmo o trabalho dos goleiros é prejudicado.

"A pressão atmosférica é menor, a bola enfrenta menos resistência e preserva sua velocidade por mais tempo", diz o engenheiro aeronáutico Hélio Koiti, da Universidade de São Paulo.

Fonte: Quais são os..., 2001.

Após a leitura desse texto, podemos concluir que vários fatores influenciam no rendimento dos atletas. Logo, um esportista cujo corpo não esteja acostumado poderá ter seu desempenho prejudicado.

O Quadro 4.1 faz um comparativo sobre como funcionaria o corpo de um atleta em três lugares com altitudes diferentes.

Quadro 4.1 – Reações de um atleta em três lugares diferentes (altitudes)

	Futebol nas alturas As reações no organismo do atleta numa partida no Maracanã, no estádio de La Paz e num jogo fictício no topo do Everest		
	RIO DE JANEIRO (Nível do mar)	**LA PAZ** (3 600 m)	**EVEREST** (8 848 m)
CÉREBRO	No nível do mar, o cérebro consome cerca de 20% do oxigênio usado pelo corpo – coordenando a atividade de todos os órgãos	A perda de oxigênio leva o jogador a sentir uma leve euforia seguida de cansaço, dor de cabeça e diminuição da coordenação motora	Perda da capacidade crítica e de julgamento, descoordenação motora, grandes chances de edema cerebral – quando o cérebro incha e pode levar à morte
CORAÇÃO	Numa partida, os batimentos cardíacos de um jogador de 30 anos oscilam entre 150 e 180 batidas por minuto – dependendo do esforço necessário para a jogada	O mesmo esforço nessa altitude exigiria um aumento de 50% da frequência cardíaca. Como o coração não aguentaria o tranco, os jogadores perdem o fôlego e param antes	Mesmo que ficasse andando pelo campo, a frequência cardíaca permaneceria no limite podendo causar arritmia e, dependendo do esforço, uma parada cardíaca
PULMÃO	Não há dificuldade para respirar. O pulmão inspira em média 12 vezes por minuto e absorve cerca de 0,5 litro de ar em cada uma das vezes	Logo de início, a respiração aumenta em até 65%. Duas a três semanas depois, a frequência com que o ar é inspirado chega a ser cinco ou sete vezes maior	Próximo de 10 900 metros – o ponto mais alto onde se consegue respirar – há um enorme risco de fluidos se acumularem nos pulmões e provocarem um edema
MÚSCULOS	As células musculares usam normalmente o oxigênio para conseguir energia. Após exercícios intensos, o corpo produz também ácido láctico	Mais ácido láctico é produzido e os músculos se cansam logo. É preciso esperar que a densidade dos vasos sanguíneos aumente, facilitando a troca de oxigênio.	Sem oxigênio nos músculos, vem a fadiga extrema. Habeler e Messner, os primeiros a escalar o Everest sem oxigênio (1978), gastaram mais de uma hora para andar os últimos 100 metros
SANGUE	Os glóbulos vermelhos do sangue – responsáveis por transportar o oxigênio até as células do corpo – ocupam cerca de 40% do volume do sangue	A falta de oxigênio aumenta o número de glóbulos vermelhos para até 60% do volume do sangue, que se torna mais espesso	Se uma pessoa saísse do nível do mar diretamente para essa altitude, a diminuição brusca da pressão formaria bolhas no sangue, podendo levar à morte
Quanto mais alto, mais forte Sem a resistência do ar, um chute de 100 quilômetros por hora no topo do Everest chega no gol praticamente com a mesma velocidade.	No Maracanã, uma bola a 100 km/h perde quase a metade da sua velocidade em 20 metros e atinge o gol a 58 km/h, depois de viajar durante 0,95 segundo.	Em La Paz, a bola chega ao gol em 0,87 segundo, só que mais forte – a 69 km/h – e mais alta: um chute que atinge 1,5 metro de altura no nível do mar entraria no ângulo.	No Everest, a baixa resistência do ar complica a vida do goleiro. A bola cruza a trave em 0,80 segundo, a 81 km/h e passaria bem longe do gol.

Fonte: Quais são os..., 2001.

Percebeu como a altura tem grande influência na pressão? É por esse fato também que caixas-d'água têm maior "pressão" quando instaladas no alto. Quanto maior for sua altura, maior será a pressão exercida na água.

Figura 4.10 – Caixa-d'água

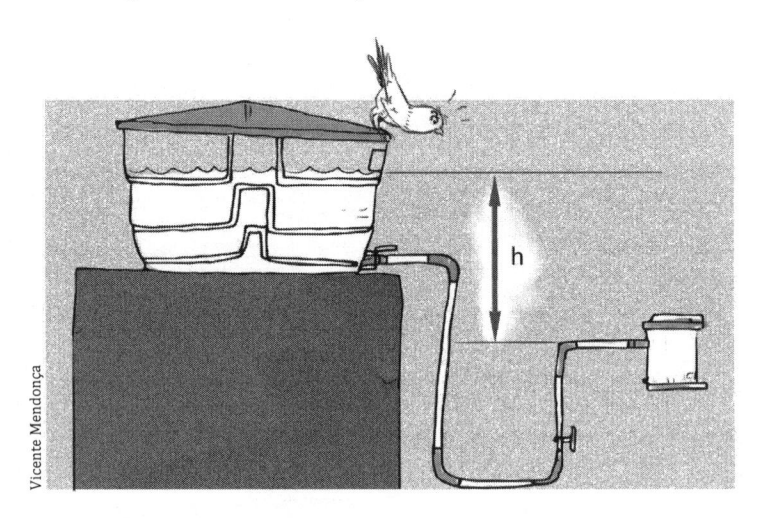

Fonte: Renato Massano, 2016.

Contudo, lembre-se sempre de ler o manual de instalação da caixa-d'água escolhida, pois ele informa corretamente a altura em que a caixa deverá permanecer.

4.2 Lei de Stevin: diferença de pressão em um fluido

Você provavelmente já viu mergulhadores em reportagens, por exemplo, utilizando instrumentos específicos para mergulho. Um deles é o relógio, que tem um sensor de pressão (profundidade). Quanto mais fundo o mergulhador vai, maior é a profundidade e a pressão exercida sobre ele. Caso o mergulhador não observe ou desrespeite as normas de segurança, problemas graves de saúde poderão ocorrer, como o rompimento dos tímpanos.

Por meio desse exemplo, podemos concluir que a altura está relacionada com a pressão exercida.

Agora, analise a Figura 4.11, a seguir.

Figura 4.11 – Pressão hidrostática

Nessa figura, em relação ao topo (P1) e à parte inferior (P2), percebemos que a pressão aplicada na parte superior é menor que na parte inferior.

É bastante simples calcular como a pressão varia dentro de

um fluido constante. Basta utilizar a seguinte relação:

$$\Delta P = \rho \cdot g \cdot \Delta h$$

Ou, ainda:

$$P_2 = P_1 + \rho \cdot g \cdot \Delta h$$

Em que:

- ΔP = variação da pressão entre dois pontos (N/m^2);
- ρ = densidade do líquido (kg/m^3);
- Δh = variação da altura ou distância entre os dois pontos (m);
- P_1 = pressão no 1º ponto (N/m^2);
- P_2 = pressão no 2º ponto (N/m^2).

No caso do exemplo do mergulhador, se soubermos a variação de pressão atmosférica, conseguiremos saber a profundidade em que ele se encontra.

4.2.1 Manômetros e barômetros

O instrumento mais comum utilizado para medir pressão é o **manômetro**, cujo funcionamento é bastante simples. Ele trabalha com a diferença entre a pressão P exercida pelo líquido e a pressão atmosférica que, aqui, é chamada de *pressão manométrica*. É esse conceito físico que você utiliza quando vai calibrar os pneus em um posto de gasolina, por exemplo.

Figura 4.12 – Manômetro em U

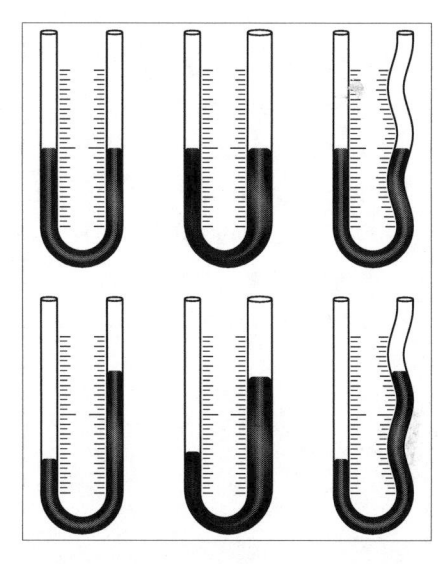

Figura 4.13 – Manômetro analógico

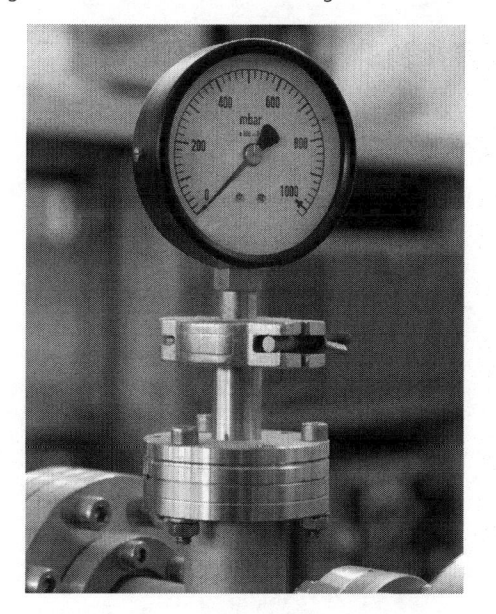

Já para medir a pressão atmosférica, utilizamos o **barômetro**, que também tem o funcionamento muito simples. Nesse instrumento há um tubo em U evacuado de ar e fechado em uma das extremidades. Coloca-se um fluido denso (geralmente mercúrio) e a pressão é medida pela variação dessa coluna de mercúrio.

Figura 4.14 – Barômetro em U preenchido com mercúrio

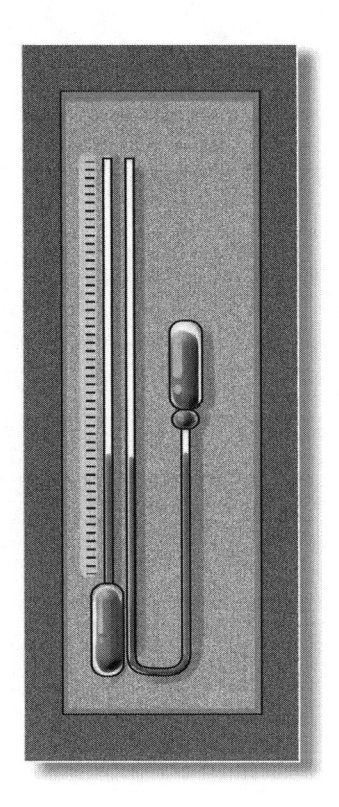

Ao nível do mar, a altura do mercúrio é de aproximadamente 76 cm (ou 760 mm). Pelo fato de esse fluido ser tão utilizado em barômetros, foi criada uma unidade chamada *milímetros de mercúrio* (igual a 1 torricelli – 1 torr). Nesse sentido, temos a seguinte relação de valores:

$$1 \text{ atm} = 760 \text{ mmHg} = 760 \text{ torr} = 101{,}325 \text{ kPa}$$

A grande maioria dos relógios de pulso que são à prova-d'água apresenta a especificação *water resistant* (resistente à água) e, os que mostram a pressão, são chamados de *waterproof* (à prova-d'água). Geralmente, o relógio resistente à água é recomendado quando não irá permanecer em contato constante com a água, como na lavagem das mãos e da louça ou em caso de chuva, por exemplo. Já quando o relógio indica a pressão (normalmente em atm), serve para várias atividades aquáticas, como mergulho. Quanto maior o número de atm, mais fundo o relógio pode ir.

Curiosidade

Em 2007, a Universidade Federal do Paraná (UFPR) – Litoral, em seu vestibular, elaborou uma questão tratando da recomendação médica para pessoas que sofrem de hipertensão arterial de mudarem para o litoral (nível do mar). A justificativa para esse procedimento é que o aumento na pressão atmosférica diminui a pressão sanguínea.

4.2.2 Vasos comunicantes

Com o que conhecemos a respeito da pressão, é possível perceber que ela só depende da profundidade (altura) e não da forma do recipiente. Uma maneira simples de provar isso é com a utilização de **vasos comunicantes**. Por meio deles, verificamos que a altura será a mesma em todos os ramos.

Figura 4.15 – Vasos comunicantes

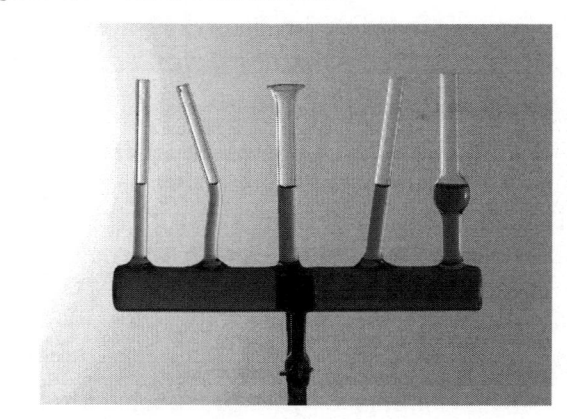

Observe que a caixa-d'água está sempre na parte superior (altura) de nossas residências. Mas por quê? Isso se deve ao fato de que a água necessita de pressão para chegar aos compartimentos de nossa casa. No entanto, a água que não sai da caixa-d'água (que vem da rua) já vem com a pressão necessária.

É extremamente importante ler o manual antes de instalar qualquer equipamento que irá utilizar a parte hidráulica da sua casa. Esse documento mostra o tipo de cano que deve ser usado, a altura em que deverá ser instalado o produto, entre outras informações. Conectar peças parece ser fácil, mas é importante que um especialista esteja presente durante a montagem e instalação, para que no futuro você não tenha dores de cabeça com instalações malsucedidas.

4.2.3 Empuxo

Você já segurou uma pedra debaixo da água? Teve a sensação de que ela ficou mais "leve" e, quando retirada da água, tornou-se "pesada"?

Não é sensação, é realidade mesmo.

Quando a pedra ainda está dentro da água (submersa), existe uma força vertical para cima que faz com que reduza a força peso da pedra (força aparente).

Vamos a um exemplo mais simplificado. Imagine uma pedra com uma massa de 5 kg. Logo, seu peso será de 50 N (lembra-se da fórmula da força peso? **P = m · g**). Vamos adotar a aceleração da gravidade da Terra como 10 m/s^2.

Nesse sentido:

P = m · g = 5 · 10 = 50 N, **vertical** e **para baixo** (grandeza vetorial, além do módulo, direção e sentido que devemos informar).

Fora da água, a pedra terá o peso de 50 N; dentro, exercemos uma força de apenas 30 N (peso aparente).

Mas de onde vieram esses 20 N?

A resposta é: do empuxo, que é uma força **vertical** e **para cima**. Em outras palavras, o peso aparente é igual ao peso real menos o empuxo. Matematicamente, temos:

$$P_{aparente} = P_{real} - E$$

A fórmula do empuxo é:

$$\vec{E} = \rho_{líquido} \cdot g \cdot V_{líquido\ deslocado}$$

Em que:

- $\vec{E}$ = empuxo (N);
- $\rho_{líquido}$ = densidade do líquido kg/m^3;
- $V_{líquido\ deslocado}$ = volume do líquido deslocado (m^3);
- g = aceleração da gravidade m/s^2.

Vamos analisar outra situação. Já percebeu que quando você entra em uma piscina parece que fica mais leve? É a mesma situação da pedra, ou seja, isso ocorre por causa de uma força vertical para cima exercida pela água: o **empuxo** ($\vec{E}$), que representa a força resultante exercida pelo fluido sobre um corpo. Tem sentido oposto à força peso, que causa o efeito de leveza no caso da piscina.

4.3 Princípio de Pascal

O princípio de Pascal é outro conceito que você pode até não conhecer, mas o utiliza em várias situações do seu cotidiano. Arriscamo-nos a dizer que esse princípio é uma das propriedades mais interessante dos líquidos.

Para esse princípio, a pressão aplicada em um líquido é transmitida integralmente para todos os pontos desse líquido e para as superfícies que o contém.

Vejamos o exemplo apresentado na Figura 4.16, a seguir.

Figura 4.16 – Princípio de Pascal

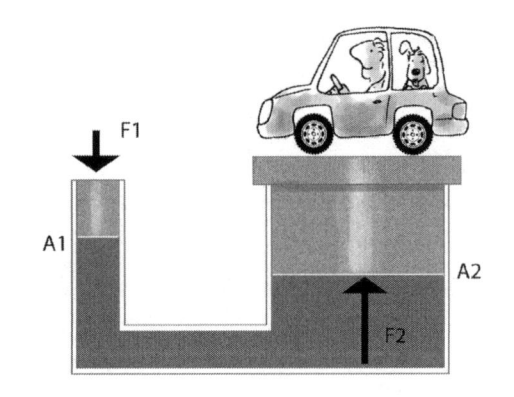

A Figura 4.16 nos apresenta à mais importante aplicação do princípio de Pascal: a prensa (macaco ou elevador) hidráulica, que nada mais é do que aquele velho conhecido tubo em U, no qual é aplicada certa força sobre uma área pequena e esta, por transmissão integral, exercerá a força sobre a outra área (maior). Assim:

$$\frac{F_1}{A_1} = \frac{F_2}{A_2}$$

A força aplicada na extremidade em A_1 será bem menor que a exercida sobre a extremidade A_2. Desse modo, temos um dispositivo eficaz para o aumento da força aplicada.

Utilizando a Figura 4.16, vamos supor que a área (A_2) onde está uma bicicleta é 10 vezes maior que a área (A_1), em que será aplicada uma força (F_1).

Exemplo:

$A_1 = 1 \text{ m}^2$

$A_2 = 10 \text{ m}^2$

$F_1 = 10$ N (equivalente a um pacote de arroz de 1 kg)

Qual será a força aplicada na F_2?

$$\frac{10}{1} = \frac{F_2}{10}$$

$F_2 = 100$ N

Outra situação interessante é quando brincamos com uma mangueira de água. Caso a mangueira esteja sem o bico, geralmente apertamos a ponta da mangueira para que a água atinja uma distância maior. Nesse caso, estamos diminuindo a área e, consequentemente, aumentando a pressão da água.

Exercícios

1) (UFTO) Para um aumento de temperatura observa-se que a maioria das substâncias dilata-se, isto é, aumenta de volume. Porém, o mesmo não ocorre com a água em estado líquido, que apresenta comportamento anômalo entre 0 °C e 4 °C, ou seja, neste intervalo de temperatura o volume da água diminui. Por outro lado, quando a água é aquecida acima de 4 °C seu volume aumenta à medida que a temperatura aumenta. O gráfico abaixo ilustra a variação do volume com o aumento da temperatura para 1g (um grama) de água.

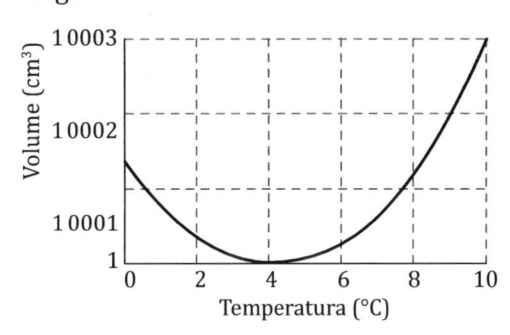

Considerando o gráfico, assinale a alternativa que apresenta a **correta** variação da densidade em função da temperatura, para 1 grama de água.

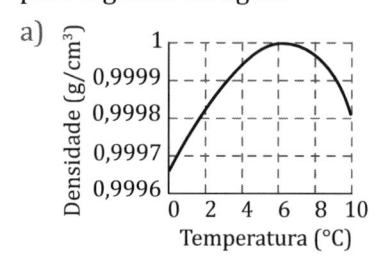

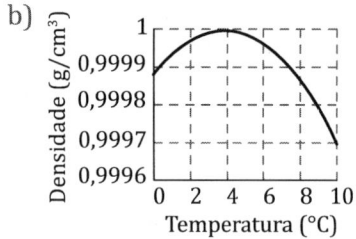

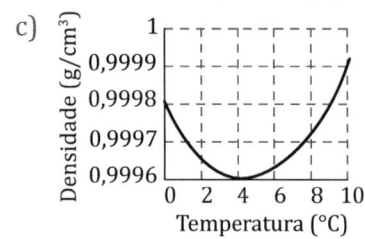

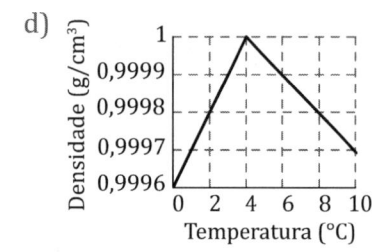

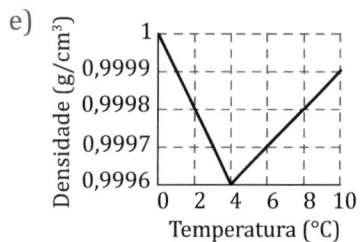

a) [gráfico: Densidade (g/cm³) × Temperatura (°C), curva com máximo próximo de 6°C]

b) [gráfico: Densidade (g/cm³) × Temperatura (°C), curva com máximo próximo de 4°C]

c) [gráfico: Densidade (g/cm³) × Temperatura (°C), curva com mínimo próximo de 4°C]

d) [gráfico: Densidade (g/cm³) × Temperatura (°C), linhas retas formando pico em 4°C]

e) [gráfico: Densidade (g/cm³) × Temperatura (°C), linhas retas formando vale em 4°C]

2) (Enem) A gasolina é vendida por litro, mas em sua utilização como combustível, a massa é o que importa. Um aumento da temperatura do ambiente leva a um aumento no volume da gasolina. Para diminuir os efeitos práticos dessa variação, os tanques dos postos de gasolina são subterrâneos. Se os tanques **não** fossem subterrâneos:

I. Você levaria vantagem ao abastecer o carro na hora mais quente do dia pois estaria comprando mais massa por litro de combustível.
II. Abastecendo com a temperatura mais baixa, você estaria comprando mais massa de combustível para cada litro.
III. Se a gasolina fosse vendida por kg em vez de por litro, o problema comercial decorrente da dilatação da gasolina estaria resolvido.

Destas considerações, somente:
a) I é correta.
b) II é correta.
c) III é correta.
d) I e II são corretas.
e) II e III são corretas.

3) (UFPR)

Boiar no Mar Morto: luxo sem igual

É no ponto mais baixo da Terra que a Jordânia guarda seu maior segredo: o

Mar Morto. Boiar nas águas salgadas do lago formado numa depressão, a 400 metros abaixo do nível do mar, é a experiência mais inusitada e necessária dessa jornada, mas pode estar com os anos contados. A superfície do Mar Morto tem encolhido cerca de 1 metro por ano e pode sumir completamente até 2050.

(Camila Anauate. O Estado de São Paulo. Disponível em <http://www.estadao.com.br/noticias/suplementos,boiar-no-mar-morto-luxo-semigual, 175377,0.htm>. Acessado em 08/08/2011).

A alta concentração salina altera uma propriedade da água pura, tornando fácil boiar no Mar Morto. Assinale a alternativa correspondente a essa alteração.

a) Aumento da tensão superficial.
b) Aumento da densidade.
c) Aumento da pressão de vapor.
d) Aumento da temperatura de ebulição.
e) Aumento da viscosidade.

4) (UFPE) Uma plataforma retangular com massa de 90 toneladas deve ser apoiada por estacas com seção transversal quadrada de 10 cm por 10 cm. Sabendo que o terreno onde as estacas serão fincadas suporta uma pressão correspondente a 0,15 tonelada por cm², determine o número mínimo de estacas necessárias para manter a edificação em equilíbrio na vertical.

a) 90.
b) 60.
c) 15.
d) 6.
e) 4.

5) (EsPCEx-SP) A pressão (P) no interior de um líquido homogêneo, incompressível e em equilíbrio varia com a profundidade (x) de acordo com o gráfico [...].

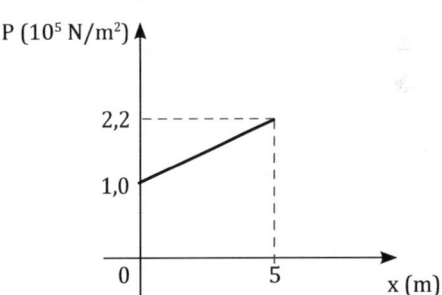

P (10^5 N/m²)

2,2
1,0
0   5   x (m)

Gráfico fora de escala

Considerando a aceleração da gravidade igual a 10 m/s², podemos afirmar que a densidade do líquido é de:

a) $1,1 \cdot 10^5$ kg/m³.
b) $6,0 \cdot 10^4$ kg/m³.
c) $3,0 \cdot 10^4$ kg/m³.
d) $4,4 \cdot 10^3$ kg/m³.
e) $2,4 \cdot 10^3$ kg/m³.

6) (UFSM) Dentro de uma mina de carvão, existe acúmulo de água. Para retirar essa água, uma bomba de sucção é instalada na boca da mina, ao nível do solo. Assim:

a) Quanto maior a profundidade da água, maior deve ser a potência do motor que aciona a bomba.
b) Se a profundidade da água é maior do que 11 m, a bomba não retira água da mina.
c) Se a profundidade da água é grande, duas ou mais bombas devem ser instaladas em série ao nível do solo.
d) A mesma bomba pode retirar a água em qualquer profundidade, mas, com profundidades maiores, diminui a vazão nas tubulações.
e) A bomba de sucção não pode retirar água da mina, porque só funciona no vácuo.

7) (Enem) Pelas normas vigentes, o litro do álcool hidratado que abastece os veículos deve ser constituído de 96% de álcool puro e 4% de água (em volume). As densidades desses componentes são dadas: $d_{água}$ = 1 000 g/L, $d_{álcool}$ = 800 g/L. Um técnico de um órgão de defesa do consumidor inspecionou cinco postos suspeitos de venderem álcool hidratado fora das normas. Colheu, então, uma amostra do produto de cada posto e mediu a densidade de cada uma delas. Obteve os seguintes resultados:

Posto	Densidade do combustível (g/L)
I	822
II	820
III	815
IV	808
V	805

A partir desses dados, o técnico pôde concluir que estavam com o combustível adequado somente os postos:
a) I e II.
b) I e III.
c) II e IV.
d) III e V.
e) IV e V.

8) (CPS-SP)

Os estudos dos efeitos da altitude sobre a *performance* física começaram a ser realizados depois dos Jogos Olímpicos de 1968. A competição realizada na Cidade do México, a 2 400 metros, registrou nas corridas de média e longa distância o triunfo de atletas de países montanhosos, como Tunísia, Etiópia e Quênia, enquanto australianos e americanos, os favoritos, mal conseguiam alcançar a linha de chegada.

(http://veja.abril.com.br/idade/exclusivo/perguntas_respostas/altitudes/index.shtml. Acesso em: 12.09.2010).

Os americanos e australianos não tiveram sucesso nas provas, pois, nas condições atmosféricas da Cidade do México, não estavam adaptados:
a) à diminuição da pressão atmosférica e à consequente rarefação do ar.
b) ao aumento da pressão atmosférica e à consequente diminuição do oxigênio.
c) à diminuição da resistência do ar e ao consequente aumento da pressão atmosférica.
d) à diminuição da pressão atmosférica e ao consequente aumento da oxigenação do sangue.
e) ao aumento da insolação no clima de montanha e ao consequente aumento de temperatura no verão.

9) (Acafe-SC) O instrumento utilizado para medir a pressão arterial é o esfigmomanômetro (um tipo de manômetro), e os tipos mais usados são os de coluna de mercúrio e o ponteiro (aneroide), possuindo ambos um manguito inflável que é colocada em torno do braço do paciente. Esta medição é feita no braço, na altura do coração, pois pontos situados no mesmo nível de um líquido (no caso o sangue) estão na mesma pressão. Essa aplicação está ligada ao princípio de:
a) Einstein.
b) Arquimedes.
c) Pascal.
d) Stevin.
e) Newton.

10) (UFRJ) O sifão é um instrumento usado para a retirada de água de lugares de difícil acesso. Como mostra a figura a seguir, seu funcionamento se baseia no fato de que, quando o tubo que liga os recipientes A e B está cheio, há uma diferença de pressão hidrostática entre os pontos P e Q, o que provoca um fluxo de água de A para B.

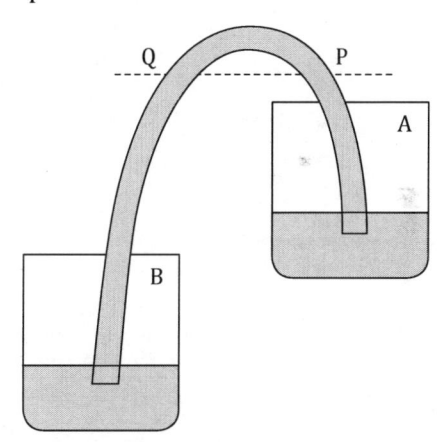

Essa diferença de pressão depende da seguinte característica do nosso planeta:
a) pressão atmosférica.
b) aceleração da gravidade local.
c) temperatura da superfície.
d) densidade da atmosfera.
e) velocidade de rotação do planeta.

capítulo cinco

Temperatura (conceito e conversões de escalas) e dilatometria (dilatação térmica e dilatação irregular da água)

Você deve saber que a temperatura normal do corpo humano é de aproximadamente 36 °C, bem como já deve ter se deparado com uma situação em que a pessoa acha que está com febre e coloca a mão na testa para verificar. Mas, será que essa maneira de verificar a temperatura é eficaz?

Também, se a previsão do tempo informa que o dia será quente (35 °C, por exemplo), certamente não sairemos de casa com uma blusa de lã, cachecol e luvas.

> Contudo, qual é a relação entre esses dois fatos (temperatura corporal e temperatura do dia)?

É o instrumento de medida de temperatura, o **termômetro**, sobre o qual vamos tratar agora.

5.1 Equilíbrio térmico

Antes de falarmos sobre o termômetro, é interessante entendermos que os corpos, em geral, tendem ao equilíbrio térmico. Vejamos um exemplo simples: você prepara um café em um dia frio para se aquecer, mas acaba se distraindo e, após algum tempo, percebe que o café esfriou. Na verdade, o café estava bem mais quente que o ambiente e o líquido, por meio da troca de calor, entrou em equilíbrio com o ambiente.

Isso também ocorre com objetos mais frios (Quem nunca reclamou ou ouviu alguém reclamar de que a cerveja esquentou?).

5.2 Termômetro

O termômetro mais conhecido é o termômetro capilar, ou *termômetro clínico*.

Figura 5.1 – Termômetro clínico

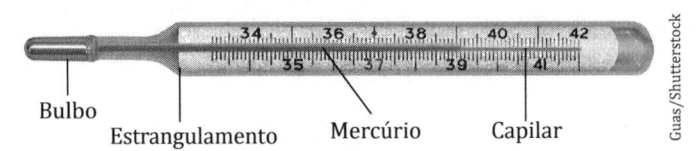

Bulbo — Estrangulamento — Mercúrio — Capilar

Guas/Shutterstock

Normalmente, esse instrumento é formado por um tubo oco de vidro que apresenta uma escala termométrica em seu exterior. Em seu interior há outro tubo, mais fino, chamado *tubo capilar*, que, em geral, contém mercúrio (termômetros clínicos) ou álcool (termômetros de parede). Ao colocarmos a extremidade do termômetro em contato com o corpo e aguardarmos certo tempo para que haja o equilíbrio térmico, o tubo capilar se desloca, verificando, assim, a temperatura do corpo ou do ambiente.

Figura 5.2 – Termômetro decorativo

A temperatura que o termômetro estilo "casinha germânica" está mostrando nada mais é que a temperatura ambiente do local em que ele está.

5.3 Escalas termométricas

Há três escalas termométricas: a escala Celsius (°C), a Fahrenheit (°F) e a Kelvin (K). Esta última é considerada escala absoluta[1] e, por isso, não leva o símbolo de grau.

Mas como são feitas as escalas?

Inicialmente, escolhemos um ponto superior e um inferior (geralmente, o ponto de ebulição e o de fusão, respectivamente). Depois, selecionamos as divisões da escala e, por meio de cálculos simples (regra de três, por exemplo), definimos os outros valores.

Comparando com a escala Celsius, temos que o ponto de ebulição está a 100 °C, o de fusão está a 0 °C e a escala foi dividida em 100.

Figura 5.3 – Relação entre as escalas termométricas

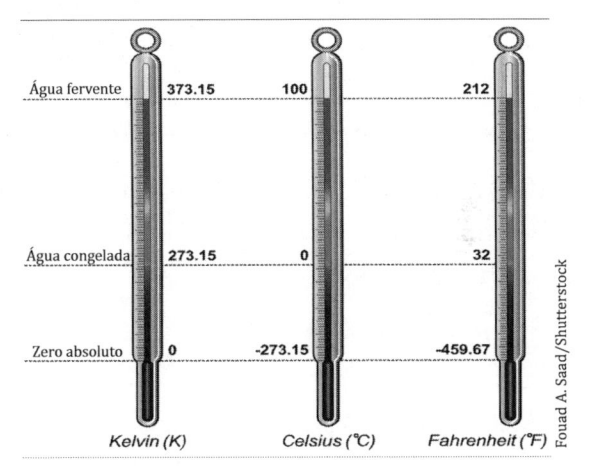

	Kelvin (K)	Celsius (°C)	Fahrenheit (°F)
Água fervente	373,15	100	212
Água congelada	273,15	0	32
Zero absoluto	0	-273,15	-459,67

Fazer a conversão das escalas é bastante simples, basta utilizarmos as seguintes relações matemáticas:

$$\frac{C}{5} = \frac{K-273}{5} = \frac{F-32}{9}$$

Para calcularmos a variação de temperatura, utilizamos as relações matemáticas:

$$\frac{\Delta C}{5} = \frac{\Delta K}{5} = \frac{\Delta F}{9}$$

[1] A escala absoluta também é conhecida como escala Kelvin. Nela, temos como referência a menor temperatura (menor agitação da molécula), que é 0 K (zero kelvin).

Em que:

- C = temperatura em graus Celsius (°C);
- K = temperatura em Kelvin (K);
- F = temperatura em graus Fahrenheit (°F).

Vamos fazer essas conversões de temperatura/escalas.

Exemplo:

Um jornal estrangeiro, ao observar as temperaturas do Brasil, informou que as temperaturas em algumas cidades são:

- Curitiba (PR): 68 °F;
- Salvador (BA): 311 K;
- Rio Branco (AC): 86 °F.

Qual cidade estará mais quente em °C?
Vamos à resolução:

Curitiba (PR): 68 °F

$$\frac{C}{5} = \frac{68 - 32}{9}$$

$$\frac{C}{5} = \frac{36}{9}$$

$$\frac{C}{5} = 4$$

$$C = 20\,°C$$

Salvador (BA): 311 K

$$\frac{C}{5} = \frac{311 - 273}{5}$$

$$C = 38\,°C$$

Rio Branco (AC): 86 °F

$$\frac{C}{5} = \frac{86 - 32}{9}$$

$$\frac{C}{5} = \frac{54}{9}$$

$$\frac{C}{5} = 6$$

$$C = 30\,°C$$

Depois de realizarmos os cálculos, concluímos que Salvador terá a temperatura de 38 °C, sendo a cidade mais quente entre as três citadas.

5.4 Dilatação térmica

Observe os seguintes exemplos de dilatação térmica encontrados em nosso cotidiano:

- Em viadutos, pontes, edifícios e trilhos de trem, há espaçamentos no concreto.

Figura 5.4 – Exemplo de dilatações lineares

Checubus/Shutterstock

- As obturações feitas com amálgama muitas vezes doem quando entram em contato com alimentos gelados ou quentes demais. A obturação feita com resina, por exemplo, contrai; já a feita com amálgama, dilata, podendo trincar os dentes.

Figura 5.5 – Obturações feitas com amálgama

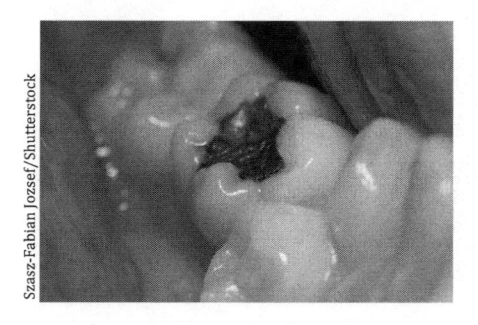

- O leite, quando ferve, normalmente derrama.

Figura 5.6 – Dilatação do leite

Mas o que todos esses fatos têm em comum? A **dilatação térmica**. Então, por que os objetos aumentam (dilatam) com o aumento da temperatura e diminuem (contraem) com a diminuição da temperatura?

Todos os objetos são feitos de **átomos**. Além disso, existe um tipo de energia que está associada ao movimento: a **energia cinética**.

Figura 5.7 – Energia cinética das moléculas

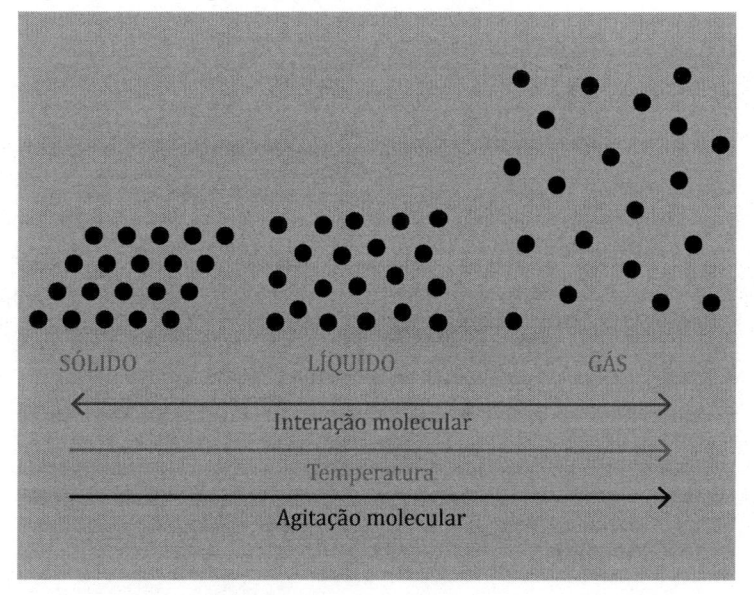

SÓLIDO   LÍQUIDO   GÁS
Interação molecular
Temperatura
Agitação molecular

Quando aquecido, o objeto recebe energia, que é transferida para os átomos. Isso faz com que ele se mova mais rapidamente.

Sendo assim, concluímos que **temperatura** é a medida do grau de agitação das moléculas de um objeto.

Com mais energia, os átomos tendem a se afastar uns dos outros, aumentando a distância entre eles. Isso explica o porquê de os objetos se dilatarem quando aumentam sua temperatura.

> Nesse sentido, **dilatação** (aquecimento) é o aumento da distância entre as moléculas e, consequentemente, do seu tamanho.

Mas é possível calcular esse aumento ou diminuição? Sim. Para isso, vamos dividir a dilatação em três partes: **dilatação linear**, **dilatação superficial** e **dilatação volumétrica**.

A dilatação linear se aplica aos corpos no estado sólido, como barras, cabos e fios.

Analise a Figura 5.8, a seguir.

Figura 5.8 – Dilatação linear dos trilhos

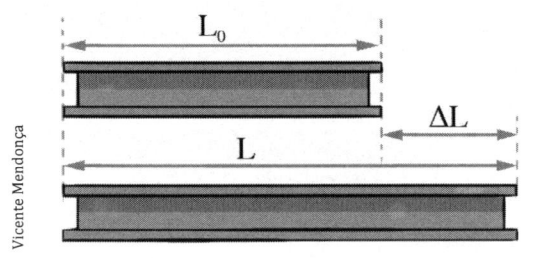

É possível perceber que, antes de aquecer o trilho, ele tem um certo comprimento (L_0) e, após uma variação de temperatura (nesse caso, aumentamos a temperatura), ele se dilata (ΔL). Um detalhe importante: é possível ter vários materiais com o mesmo comprimento inicial e que variam na mesma temperatura; no entanto, eles não terão a mesma dilatação, pois cada material tem um coeficiente de dilatação.

Matematicamente, temos:

$$\Delta L = L_0 \cdot \alpha \cdot \Delta T$$

Ou:

$$\alpha = \frac{\Delta L}{L_0 \cdot \Delta T}$$

Em que:

- ΔL = variação do comprimento ($L_f - L_0$), no SI, dada em metros (m);
- L_F = comprimento final do objeto, no SI em m;
- L_0 = comprimento inicial do objeto, no SI, em m;
- α = coeficiente de dilatação linear do material do objeto (cada material tem o seu e esse valor normalmente é tabelado), em kelvin elevado a menos 1 (k^{-1}), usualmente apresentado em $°C^{-1}$;
- ΔT = variação da temperatura (dada por $T_f - T_0$), em K, usualmente apresentado em °C.

A Tabela 5.1, a seguir, apresenta os principais coeficientes de dilatação.

Tabela 5.1 – Coeficientes lineares de alguns materiais

Material	Coeficiente de dilatação linear (α) em °C^{-1}
Aço	$1,1 \cdot 10^{-5}$
Alumínio	$2,4 \cdot 10^{-5}$
Chumbo	$2,9 \cdot 10^{-5}$
Cobre	$1,7 \cdot 10^{-5}$
Ferro	$1,2 \cdot 10^{-5}$
Concreto	$1,0 \cdot 10^{-5}$
Latão	$2,0 \cdot 10^{-5}$
Ouro	$1,4 \cdot 10^{-5}$
Prata	$1,9 \cdot 10^{-5}$
Vidro comum	$0,9 \cdot 10^{-5}$
Vidro pirex	$0,3 \cdot 10^{-5}$
Zinco	$6,4 \cdot 10^{-5}$

Fonte: Adaptado de UFPA, 2016.

A **dilatação superficial** é aquela que ocorre em duas dimensões do objeto.

Imagine a seguinte situação: pegue uma chapa metálica, meça a sua área e a aqueça. Após um determinado período sendo aquecida, você perceberá que a área da chapa ficou maior – lembre-se de que área é a multiplicação dos lados da chapa (lado × lado), razão por que a dilatação superficial ocorre em duas dimensões.

Figura 5.9 – Dilatação superficial

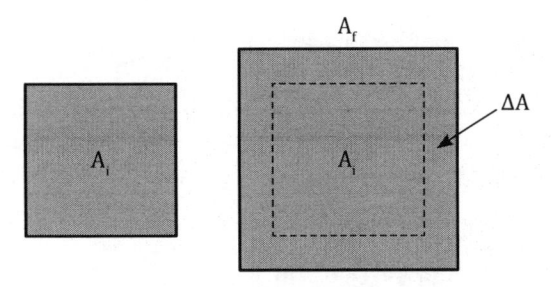

É por esse motivo que, quando optamos por colocar lajotas em nossa residência, é necessário colocar espaçadores entre elas, que servem para que dilatem (se necessário) e para que a argamassa seja colocada. No caso de uma dilatação, o que vai danificar primeiro é a argamassa, que pode ser refeita rapidamente.

Figura 5.10 – Dilatação de lajotas

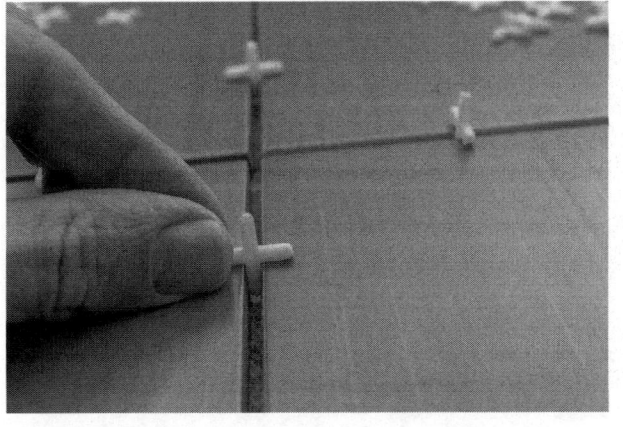

Na dilatação, temos, matematicamente:

$$\Delta S = S_0 \cdot \beta \cdot \Delta T$$

Ou:

$$\beta = \frac{\Delta S}{S_0 \cdot \Delta T}$$

Em que:

- ΔS = variação de área ($S_f - S_0$), dada em metros ao quadrado (m^2);
- S_f = área final do objeto, em m^2;
- S_0 = área inicial do objeto, em m^2;
- β = coeficiente de dilatação superficial do material do objeto (cada material tem o seu e esse valor normalmente é tabelado);
- ΔT = variação da temperatura ($T_f - T_0$).

A **dilatação volumétrica** é aquela que ocorre nas três dimensões do objeto.

Você pode conferir na Figura 5.11 que, quando ocorre a dilatação, as dimensões também se alteram (nesse caso a base, a altura e a profundidade).

Figura 5.11 – Dilatação volumétrica

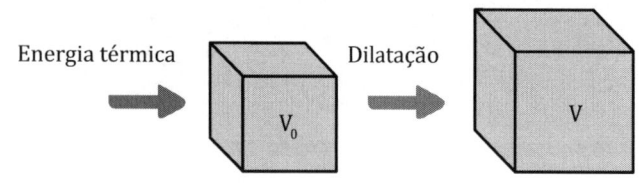

Energia térmica → V_0 → Dilatação → V

Fonte: Adaptado de Alunos Online, 2016a.

Matematicamente, temos:

$$\Delta V = V_0 \cdot \gamma \cdot \Delta T$$

Ou:

$$\gamma = \frac{\Delta V}{V_0 \cdot \Delta T}$$

Em que:

- ΔV = variação do volume ($V_f - V_0$), dada em metros cúbico (m^3);
- V_f = volume final do objeto, dado em m^3;
- V_0 = volume inicial do objeto, dado em m^3;
- γ = coeficiente de dilatação volumétrico do material do objeto (cada material tem o seu e esse valor normalmente é tabelado);
- ΔT = variação da temperatura ($T_f - T_0$).

Perceba que, se houver um furo (buraco) em um corpo sólido, o seu volume aumentará com a dilatação como se fosse um corpo sólido também. Ou seja, o buraco aumenta tanto quanto o volume do objeto. Isso também acontece com uma placa metálica: quando dilatada, automaticamente o furo será dilatado também. A Figura 5.12, a seguir, ilustra essa situação.

Figura 5.12 – Dilatação superficial

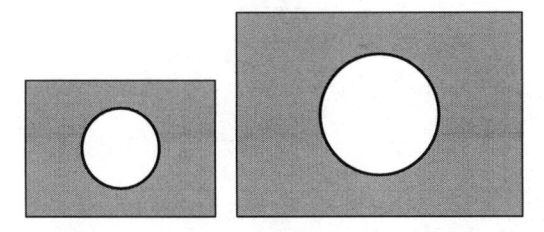

Outra observação importante é de que, se ΔL, ΔS ou ΔV forem positivos, significa que o objeto dilatou; se forem negativos, significa que o objeto contraiu.

Existe também uma relação entre os coeficientes de dilatação, que é dada por:

β = 2α
γ = 3α

A **dilatação linear** é aquela que ocorre somente em uma das dimensões do objeto: α (alfa – coeficiente de dilatação linear). A **dilatação superficial** é aquela que ocorre em duas dimensões do objeto: β = 2α (beta – coeficiente de dilatação superficial). Já a **dilatação volumétrica** é aquela que ocorre nas três dimensões do objeto: γ = 3α (gama – coeficiente de dilatação volumétrica).

5.5 Dilatação irregular da água

A água varia de uma forma um pouco diferente dos demais materiais, razão por que merece um tópico à parte. Ao contrário dos outros materiais, quando a água é aquecida entre 0 °C e 4 °C, em vez de se dilatar, ela se contrai. Depois que ultrapassa essa temperatura, volta a dilatar-se normalmente. Vejamos o Gráfico 5.1, a seguir.

Gráfico 5.1 – Volume da água diminuindo e aumentando

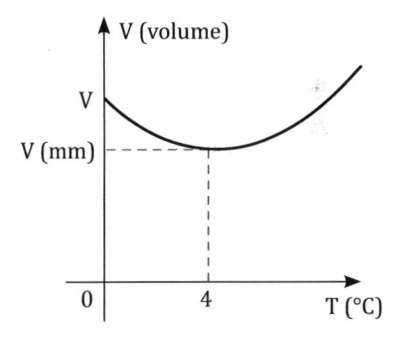

Fonte: Adaptado de Teixeira, 2016.

A razão para que isso aconteça é que as ligações das moléculas de água são ligações de hidrogênio que, com o aumento de temperatura da água, começam a se romper, o que leva à aproximação entre suas moléculas. Esse efeito supera a agitação térmica, fazendo com que ocupe um volume menor.

Figura 5.13 – Dilatação irregular da água

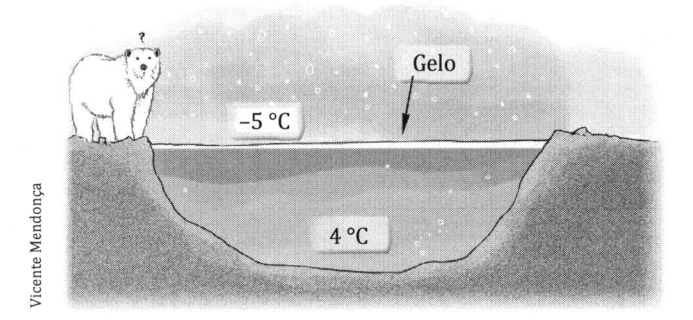

Fonte: Adaptado de 2.bp.blogspot, 2016.

Esse fenômeno explica o fato de o gelo flutuar na água, o que ocorre principalmente em regiões muito frias. O lago congela na superfície, mas permanece na forma líquida abaixo da placa de gelo, como mostra a Figura 5.13. Interessante, não?

Exercícios

1) (UFPB) Durante uma temporada de férias na casa de praia, em certa noite, o filho caçula começa a apresentar um quadro febril preocupante. A mãe, para saber, com exatidão, a temperatura dele, usa um velho termômetro de mercúrio, que não mais apresenta com nitidez os números referentes à escala de temperatura em graus Celsius. Para resolver esse problema e aferir com precisão a temperatura do filho, a mãe decide graduar novamente a escala do termômetro usando como pontos fixos as temperaturas do gelo e do vapor da água. Os valores que ela obtém são: 5 cm para o gelo e 25 cm para o vapor. Com essas aferições em mãos, a mãe coloca o termômetro no filho e observa que a coluna de mercúrio para de crescer quando atinge a marca de 13 cm. Com base nesse dado, a mãe conclui que a temperatura do filho é de:
a) 40,0 °C.
b) 39,5 °C.
c) 39,0 °C.
d) 38,5 °C.
e) 38,0 °C.

2) (ITA-SP) O verão de 1994 foi particularmente quente nos Estados Unidos da América. A diferença entre a máxima temperatura do verão e a mínima do inverno anterior foi de 60 °C. Qual o valor desta diferença na escala Fahrenheit?
a) 33 °F.
b) 60 °F.
c) 92 °F.
d) 108 °F.
e) 140 °F.

3) (Mackenzie-SP) Um turista brasileiro sente-se mal durante a viagem e é levado inconsciente a um hospital. Após recuperar os sentidos, sem saber em que local estava, é informado de que a temperatura de seu corpo atingira 104 graus, mas que já

"caíra" de 5,4 graus. Passado o susto, percebeu que a escala termométrica utilizada era a Fahrenheit. Desta forma, na escala Celsius, a queda de temperatura de seu corpo foi de:
a) 1,8 °C.
b) 3,0 °C.
c) 5,4 °C.
d) 6,0 °C.
e) 10,8 °C.

4) (Fatec-SP) Lord Kelvin (título de nobreza dado ao célebre físico William Thompson, 1824-1907) estabeleceu uma associação entre a energia de agitação das moléculas de um sistema e a sua temperatura. Deduziu que a uma temperatura de –273,15 °C, também chamada de zero absoluto, a agitação térmica das moléculas deveria cessar. Considere um recipiente com gás, fechado e de variação de volume desprezível nas condições do problema, e, por comodidade, que o zero absoluto corresponde a –273 °C.

É correto afirmar:
a) O estado de agitação é o mesmo para as temperaturas de 100 °C e 100 K.
b) À temperatura de 0 °C o estado de agitação das moléculas é o mesmo que a 273 K.
c) As moléculas estão mais agitadas a –173 °C do que a –127 °C.
d) A –32 °C as moléculas estão menos agitadas que a 241 K.
e) A 273 K as moléculas estão mais agitadas que a 100 °C.

5) (UFPE) Em uma chapa metálica é feito um orifício circular do mesmo tamanho de uma moeda. O conjunto (chapa com a moeda no orifício), inicialmente a 25 °C, é levado a um forno e aquecido até 225 °C. Após o aquecimento, verifica-se que o orifício na chapa ficou maior do que a moeda. Dentre as afirmativas abaixo, indique a que está correta.
a) O coeficiente de dilatação da moeda é maior do que o da chapa metálica.
b) O coeficiente de dilatação da moeda é menor do que o da chapa metálica.
c) O coeficiente de dilatação da moeda é igual ao da chapa metálica, mas o orifício se dilatou mais porque a chapa é maior que a moeda.
d) O coeficiente de dilatação da moeda é igual ao da chapa metálica, mas o orifício se dilatou mais porque o seu interior é vazio.
e) Nada se pode afirmar sobre os coeficientes de dilatação da moeda e da chapa, pois não é dado o tamanho inicial da chapa.

6) (UEPG) Dilatação térmica é o fenômeno pelo qual variam as dimensões geométricas de um corpo quando este experimenta uma variação de temperatura. Sobre esse fenômeno físico, assinale o que for correto:

01) Em geral, as dimensões de um corpo aumentam quando a temperatura aumenta.
02) Um corpo oco se dilata como se fosse maciço.
04) A tensão térmica explica por que um recipiente de vidro grosso comum quebra quando é colocada água em ebulição em seu interior.
08) A dilatação térmica de um corpo é inversamente proporcional ao coeficiente de dilatação térmica do material que o constitui.
16) Dilatação aparente corresponde à dilatação observada em um líquido contido em um recipiente.

7) (UEPB) Willem Gravesande (1688-1742), físico holandês, foi professor de matemática, de astronomia e de física. Sendo reconhecido dentre as suas contribuições científicas pelo famoso anel de Gravesande, experimento que se constitui de uma esfera metálica, suspensa ou presa por uma haste e um anel metálico, conforme ilustrado abaixo.

Fonte: Adaptado de Souza et al., 2016.

Verifica-se na figura acima que, inicialmente, não é possível passar a esfera através do anel de metal. Porém, após aquecer o anel de metal, a esfera passa facilmente. A alternativa que explica corretamente esse fenômeno é:

a) O aumento de temperatura, causado pela chama da vela aumenta a agitação térmica das partículas do metal, o que provoca uma redução do diâmetro do anel, facilitando a passagem da esfera.
b) O calor fornecido pela vela ao anel metálico faz com que o tamanho da esfera diminua, quando em contato com o anel, facilitando a passagem da esfera.

c) O calor fornecido pela esfera ao anel metálico provoca uma redução no nível de agitação térmica das partículas do metal, o que provoca um aumento do diâmetro do anel, facilitando a passagem da esfera.

d) O aumento de temperatura, causado pela chama da vela no anel de metal, aumenta a agitação térmica das partículas do metal, o que provoca uma redução do diâmetro do anel, facilitando a passagem da esfera.

e) Não é possível acontecer tal fenômeno, uma vez que, após o anel ser aquecido, haverá uma diminuição do mesmo, impedindo a passagem da esfera de metal.

8) (Unioeste-PR) O funcionário de uma ferrovia precisa instalar um segmento de trilho para recompor uma linha férrea. O comprimento sem trilho é de 25,00 m. O funcionário sabe que a temperatura no local da instalação varia de 10 °C, no inverno, a 40 °C, no verão. O coeficiente de dilatação térmica do aço, material do qual o trilho é fabricado, é igual a $14 \cdot 10^{-6}$ °C^{-1}. Se a manutenção ocorrer no inverno, qual dos valores listados abaixo aproxima-se mais do máximo comprimento que o funcionário deve cortar o trilho para encaixar no espaço a ser preenchido?

a) 25,00 m.
b) 24,90 m.
c) 25,01 m.
d) 24,99 m.
e) 24,95 m.

9) (Udesc) Em um dia típico de verão utiliza-se uma régua metálica para medir o comprimento de um lápis. Após medir esse comprimento, coloca-se a régua metálica no congelador a uma temperatura de –10 °C e esperam-se cerca de 15 min. para, novamente, medir o comprimento do mesmo lápis. O comprimento medido nesta situação, com relação ao medido anteriormente, será:

a) maior, porque a régua sofreu uma contração.
b) menor, porque a régua sofreu uma dilatação.
c) maior, porque a régua se expandiu.
d) menor, porque a régua se contraiu.
e) o mesmo, porque o comprimento do lápis não se alterou.

10) (Enem) Durante uma ação de fiscalização em postos de combustíveis, foi encontrado um mecanismo inusitado para enganar o consumidor. Durante o inverno, o responsável por um posto de combustível compra álcool por R$ 0,50/litro, a uma temperatura de 5 °C. Para revender o líquido aos motoristas, instalou um

mecanismo na bomba de combustível para aquecê-lo, para que atinja a temperatura de 35 °C, sendo o litro de álcool revendido a R$ 1,60. Diariamente o posto compra 20 mil litros de álcool a 5 °C e os revende.

Com relação à situação hipotética descrita no texto e dado que o coeficiente de dilatação volumétrica do álcool é de 1×10^{-3} °C^{-1}, desprezando-se o custo da energia gasta no aquecimento do combustível, o ganho financeiro que o dono do posto teria obtido devido ao aquecimento do álcool após uma semana de vendas estaria entre

a) R$ 500,00 e R$ 1.000,00.
b) R$ 1.050,00 e R$ 1.250,00.
c) R$ 4.000,00 e R$ 5.000,00.
d) R$ 6.000,00 e R$ 6.900,00.
e) R$ 7.000,00 e R$ 7.950,00.

ID
capítulo seis

Calorimetria (temperatura, calor e potência) e processos de transmissão de calor (condução, convecção e irradiação)

Em um dia quente, você já deve ter utilizado a expressão: "Nossa! Como está calor hoje!"; e em um dia de inverno: "Nossa! Como está frio hoje!".

6.1 Temperatura ou calor

Figura 6.1 – Temperatura ou calor

Como somos indecisos, não?

As palavras *calor*, *quente* e *frio* geralmente estão associadas a sensações térmicas, assim como o calor está normalmente relacionado a dias com altas temperaturas e o frio, a dias com baixa temperatura. De todo modo, vamos esclarecer a diferença entre *calor* e *temperatura*.

Calor é a energia transferida de um corpo para outro quando existe diferença de temperatura. **Temperatura** é a medida da agitação das moléculas.

Agora que já sabemos essas definições, vamos analisar alguns fatos:

- Se a areia e a água do mar estão submetidas à mesma fonte de calor (o Sol), por que a areia fica muito mais quente do que a água?
- Por que as panelas geralmente são feitas de algum tipo de metal (alumínio ou ferro)?
- Se colocarmos para ferver 1 L de água em uma panela e duas panelas iguais com 500 ml cada, qual delas vai ferver mais rápido?

O conceito que liga esses fatos é a **capacidade térmica**, uma propriedade ligada ao tipo do material que estamos trabalhando.

Em outras palavras, **capacidade térmica** é a quantidade de calor de que um **corpo** necessita para fazer variar sua temperatura em 1 °C, ou seja, é a capacidade de perder ou absorver calor em razão da variação de temperatura.

Matematicamente, temos:

$$C = \frac{\Delta Q}{\Delta T}$$

Em que:

- C = capacidade térmica do corpo (no SI é o J/K, porém é mais frequente o cal/°C);
- ΔQ = variação da quantidade de calor, em joule (J);
- ΔT = variação da temperatura, em Kelvin (K).

Sendo assim, os corpos que têm capacidade térmica baixa demoram mais para ser aquecidos, mas também levam mais tempo para se resfriar. O contrário também vale. Por exemplo: se um corpo tiver a capacidade térmica de 50 cal/°C, significa que, para a temperatura variar em 1 °C, será necessário que ele troque uma quantidade de calor de 50 calorias. Se ganhar 50 cal, a temperatura aumentará em 1 °C e, se perder 50 cal, ela diminuirá em 1 °C.

> Um exemplo prático desse conceito é o tomate do misto-quente: tudo esfria mais rápido, mas sempre queimamos a boca com o tomate.

6.2 Calorias alimentares

A caloria é muito utilizada para avaliar a quantidade de energia em alimentos. No SI, a unidade de calor é o J e a relação entre eles é dada por:

$$1 \text{ cal} = 4,2 \text{ J}$$

Nos rótulos de embalagens de alimentos (geralmente no verso) consta o **valor energético** na tabela nutricional. Os rótulos apresentam a relação entre quilocalorias e quilojoules, conforme o exemplo a seguir:

189 kcal = 794 kJ

1 cal = 4,2 J

Tabela 6.1 – Rótulo com informação nutricional

INFORMAÇÃO NUTRICIONAL		
Porção de 40g (1 pacote)		
Quantidade por porção		%VD*
Valor energético	189 kcal = 794 kJ	9%
Carboidratos	15g	5%
Proteínas	9,7g	13%
Gorduras totais, das quais:	10g	18%
Gorduras saturadas	1,7g	8%
Gorduras trans	0g	-
Gorduras monoinsatudadas, das quais:	3,4g	-
Ácido oléico (Ômega 9)	3,3g	-
Gorduras poli-insaturadas, das quais:	4,9g	-
Ácido linolênico (Ômega 3)	0,9g	-
Ácido linoléico (Ômega 6)	4,0g	-
Colesterol	0mg	-
Fibra alimentar	3,1g	12%
Sódio	10mg	1%
Ferro	1,1mg	8%
Fósforo	171mg	24%
Magnésio	60mg	23%
Manganês	0,60mg	26%
Selênio	4,0µg	12%
Zinco	1,3mg	18%
Ácido fólico	35µg	15%
Vitamina B1	0,13mg	11%
Vitamina B2	0,13mg	10%
Vitamina B3	1,1mg	7%
Vitamina B6	0,06mg	5%
*% Valores diários com base em uma dieta de 2.000 kcal ou 8.400 kJ. Seus valores diários podem ser maiores ou menores dependendo de suas necessidades energéticas. **Porção de referência de 10g - Anvisa		

Jasmine Alimentos

Um detalhe muito importante que devemos perceber nos rótulos são as proporções (em porção) em relação ao valor energético. Há certas embalagens, principalmente as de produtos como chocolate, que informam um baixo valor energético (kcal), mas essa informação é válida apenas para um tablete e não para a barra toda. Por isso, ler os rótulos das embalagens é de suma importância.

6.3 Calor específico

Se tivermos duas panelas idênticas, uma com óleo e outra com água, na mesma quantidade, e ambas forem expostas a mesma quantidade de calor (chama do fogão, por exemplo), elas aquecerão da mesma maneira? Ora, sabemos que não. Mas por que isso acontece?

Cada material (substância) tem seu próprio calor específico, o que faz com que conduzam calor com maior ou menor facilidade.

> Calor específico é a quantidade de calor necessário para elevar em 1 °C 1 g da substância em questão.

Em relação à capacidade térmica, podemos escrever o calor específico, matematicamente, da seguinte maneira:

$$c = \frac{C}{m}$$

Em que:

- c = calor específico do material (substância – normalmente, utilizamos cal/g °C);
- C = capacidade térmica do mesmo material (corpo – usualmente, utilizamos cal/°C);
- m = massa (geralmente, utilizamos g).

Como o calor específico está relacionado a cada substância, é bastante comum encontrarmos esses valores tabelados. Observe a Tabela 6.2, a seguir.

Tabela 6.2 – Calor específico das substâncias

Substância	Calor específico em cal/(g · °C)
Água	1,00
Gelo	0,50
Cobre	0,09
Ferro	0,11
Alumínio	0,22
Madeira	0,60
Vidro	0,76
Manteiga (resfriado)	0,60
Ovos (resfriado)	0,76
Laranja (resfriado)	0,92
Leite (resfriado)	0,40
Queijo (resfriado)	0,64

(continua)

(Tabela 6.2 – conclusão)

Substância	Calor específico em cal/(g · °C)
Carne de porco (resfriado)	0,72
Peixe fresco	0,82
Presunto (resfriado)	0,60
Tomate (resfriado)	0,95
Batata (resfriado)	0,80
Mel (resfriado)	0,35
Sorvete (resfriado)	0,78

Fonte: Elaborado com base em Tectérmica, 2016; Departamento Física Experimental, 2017.

Podemos calcular também o calor retirado de um corpo ou cedido por ele em relação à variação de temperatura:

$$Q = m \cdot c \cdot \Delta t$$

Em que:

- Q = quantidade de calor (usualmente, utilizamos cal);
- m = massa (em geral, utilizamos grama g);
- c = calor específico do material (normalmente, utilizamos cal/g°C);
- Δt = variação de temperatura (geralmente, utilizamos °C).

Perceba a importância de sabermos a quantidade de calor que os corpos trocam entre si. Por exemplo, quando desejamos esfriar o café, geralmente adicionamos leite em temperatura mais baixa para fazer com que o café diminua a sua temperatura e fique agradável para se beber. Essas duas substâncias trocam calor entre si – nesse caso, desprezamos a capacidade térmica da xícara e a troca de calor com o ambiente externo. Isso também vale para os alimentos que ingerimos (já comentamos nesta obra sobre alimentos ingeridos e a relação com atividades esportivas).

6.4 Processos de transmissão de calor

Já vimos o que é calor e como calculamos o calor cedido/recebido por um material. Agora, vamos tratar de como o calor é conduzido, ou seja, como ele se propaga.

Analise a Figura 6.2, a seguir.

Figura 6.2 – Transmissão de calor

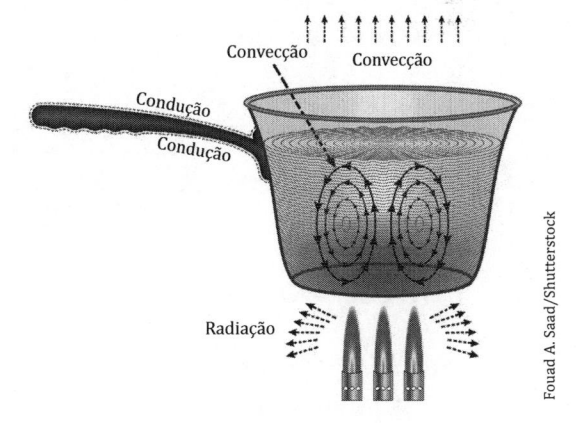

Na transmissão de calor, este se propaga de três formas, apresentadas na sequência.

6.4.1 Condução

É a maneira intuitiva de transferência de calor, pois é necessário o contato entre as superfícies em questão. Assim, o calor é transferido do corpo de maior temperatura para o de menor.

Alguns materiais conduzem calor melhor que outros. Os metais, em geral, são os melhores condutores, já o ar é péssimo condutor de calor. Também podemos dizer que sólidos conduzem calor melhor que líquidos, os quais, por sua vez, conduzem melhor que os gases.

Figura 6.3 – Condução de calor

6.4.2 Convecção

Ocorre somente em gases e líquidos e nada mais é do que a propagação do calor por meio da movimentação dos fluidos de densidades diferentes. Muitos fenômenos e aparelhos domésticos se utilizam desse conceito. Os congeladores, por exemplo, ficam na parte superior do refrigerador para que correntes de ar circulem de cima para baixo, resfriando seu interior. O aparelho de ar condicionado é mantido na parte superior da parede porque o ar frio sai dele e vai para baixo, pois, por ser mais denso, desce; já o ar quente, menos denso, sobe. Outro fenômeno que se utiliza da convecção são as frentes de frio e de calor que ocorrem no clima.

Figura 6.4 – Convecção

Quando o ar é aquecido, por sua dilatação térmica, seu volume aumenta ($V\uparrow$) e sua densidade diminui ($\rho\downarrow$). Relembre a fórmula de densidade: $\downarrow \rho = \dfrac{m}{v \uparrow}$.

Figura 6.5 – Convecção

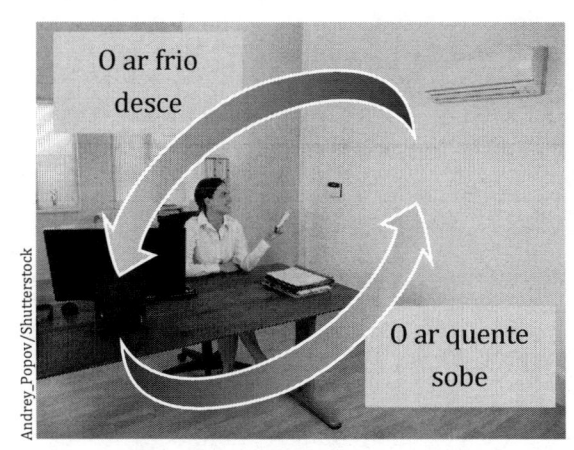

Quando você estiver no litoral e perceber o sentido do ar quente e frio durante o dia e a noite, deverá lembrar da convecção do ar, pois o ar quente é menos denso que o ar frio.

Figura 6.6 – Convecção

6.4.3 Irradiação ou radiação

É a propagação de calor por meio de ondas eletromagnéticas. Sem esse fenômeno, a luz e o calor do Sol não chegaria até a Terra e, provavelmente, nada seria como conhecemos. Ela está relacionada com a radiação luminosa. Um exemplo são as antigas lâmpadas incandescentes, cujo bulbo era de metal (geralmente tungstênio) e, por causa da temperatura elevada, tinham sua cor modificada. Também se utilizam desse fenômeno o aquecedor e a radiação infravermelha, usada no tratamento de lesões. Além disso, é o único tipo de propagação que pode acontecer no vácuo.

Figura 6.7 – Radiação

Atualmente, por conta da facilidade que temos em comprar produtos que tornam a vida mais simples, o uso de produtos que consomem energia elétrica torna-se cada vez mais excessivo.

A grande maioria da população está preocupada com o alto consumo de energia elétrica e você, ao deter o conhecimento sobre a transmissão de calor, poderá contribuir muito para a redução do consumo de energia elétrica. Atitudes como não ficar abrindo e fechando constantemente o refrigerador (isso faz com que o eletrodoméstico troque calor com o meio externo), não colocar "forros" nas prateleiras do seu refrigerador (isso impede que o processo de convecção ocorra) nem objetos ou roupas atrás do eletrodoméstico (isso impede que o calor seja retirado) colaboram para essa redução.

Outra forma de economizar energia elétrica consiste em utilizar isolamento térmico em sua residência, pois, assim, você impede que haja saída/entrada de calor.

6.5 Potência térmica

Se considerarmos uma chaleira com água sendo aquecida em um fogão, o aquecimento será mais rápido quando a chama estiver alta ou baixa? A resposta é: com a chama alta. Isso ocorre porque a potência térmica é maior, ou seja, ela mede a rapidez com que o calor é trocado entre os corpos.

Matematicamente, temos a razão entre o calor cedido ou recebido e a variação do tempo, pois sabemos que, se a chaleira ficar por mais tempo exposta à chama, aquecerá mais, até que entre em ebulição.

Sendo assim, temos:

$$P = \frac{Q}{\Delta t}$$

A unidade de potência no SI é o watt (W), mas, geralmente, utilizamos cal/s, cal/min e kcal/min. Q é o calor cedido/recebido (no SI é o joule – J) e Δt é a variação de tempo, que no SI é o segundo (s).

Exercícios

1) (Unesc) Uma esfera de aço está inicialmente à temperatura de 20 °C. Ao receber uma quantidade de calor de 600 calorias, sua temperatura passa para 24 °C. O valor da sua capacidade térmica será, então, de
   a) 150 cal/°C.
   b) 100 cal/°C.
   c) 200 cal/°C.
   d) 250 cal/°C.
   e) 300 cal/°C.

2) (UCS-RS) Uma cozinheira distraiu-se e encostou uma parte do antebraço em uma panela muito quente, sofrendo queimadura. Admitindo que, na área de sua pele que sofreu o contato, a temperatura aumentou de 36,5 °C para 66,5 °C em 0,5 s, qual foi a potência da transferência de calor da panela para a pele da cozinheira? (Considere a capacidade térmica na pele afetada da cozinheira como 0,02 cal/°C e 1 caloria = 4,2 Joules)
a) 5,04 W.
b) 7,13 W.
c) 8,95 W.
d) 12,43 W.
e) 17,44 W.

3) (Enem) Numa área de praia, a brisa marítima é uma consequência da diferença no tempo de aquecimento do solo e da água, apesar de ambos estarem submetidos às mesmas condições de irradiação solar. No local (solo) que se aquece mais rapidamente, o ar fica mais quente e sobe, deixando uma área de baixa pressão, provocando o deslocamento do ar da superfície que está mais fria (mar).

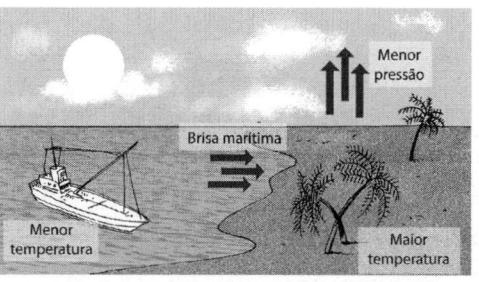

À noite, ocorre um processo inverso ao que se verifica durante o dia.

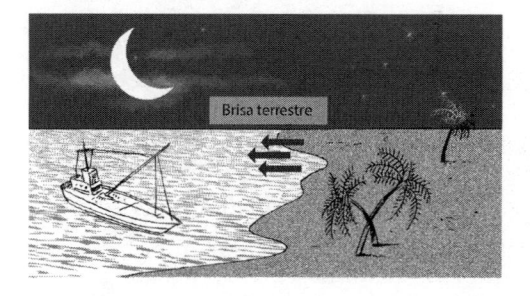

Como a água leva mais tempo para esquentar (de dia), mas também leva mais tempo para esfriar (à noite), o fenômeno noturno (brisa terrestre) pode ser explicado da seguinte maneira:
a) O ar que está sobre a água se aquece mais; ao subir, deixa uma área de baixa pressão, causando um deslocamento de ar do continente para o mar.
b) O ar mais quente desce e se desloca do continente para a água, a qual não conseguiu reter calor durante o dia.

c) O ar que está sobre o mar se esfria e dissolve-se na água; forma-se, assim, um centro de baixa pressão, que atrai o ar quente do continente.
d) O ar que está sobre a água se esfria, criando um centro de alta pressão que atrai massas de ar continental.
e) O ar sobre o solo, mais quente, é deslocado para o mar, equilibrando a baixa temperatura do ar que está sobre o mar.

4) (EsPCEx-SP) Dois blocos metálicos de materiais diferentes e inicialmente à mesma temperatura são aquecidos, absorvem a mesma quantidade de calor e atingem uma mesma temperatura final sem ocorrer mudança de fase. Baseados nessas informações, podemos afirmar que eles possuem o(a) mesmo(a):
a) densidade.
b) calor específico.
c) volume.
d) capacidade térmica.
e) massa.

5) (IFSP) A temperatura normal do corpo humano é de 36,5 °C. Considere uma pessoa de 80 kg de massa e que esteja com febre a uma temperatura de 40 °C. Admitindo que o corpo seja feito basicamente de água, podemos dizer que a quantidade de energia, em quilocalorias (kcal), que o corpo dessa pessoa gastou para elevar sua temperatura até este estado febril, deve ser mais próxima de:

Dado: Calor específico da água
$c = 1,0$ cal/g °C.
a) 200.
b) 280.
c) 320.
d) 360.
e) 420.

6) (UFPA) Um expressivo polo de ferro-gusa tem se implantado ao longo da ferrovia de Carajás, na região sudeste do Pará, o que ensejou um aumento vertiginoso na produção de carvão, normalmente na utilização de fornos conhecidos como "rabos-quentes". Além dos problemas ambientais causados por esses fornos, a questão relativa às condições altamente insalubres e desumanas a que os trabalhadores são submetidos é preocupante. A enorme temperatura a que chegam tais fornos propaga uma grande quantidade de calor para os corpos dos trabalhadores que exercem suas atividades no seu entorno.

Com base nas informações referidas no texto, analise as seguintes afirmações:

I. O gás carbônico (CO_2) emitido pelos fornos é um dos agentes responsáveis pelo aumento do efeito estufa na atmosfera.
II. Nas paredes do forno o calor se propaga pelo processo de convecção.
III. O calor que atinge o trabalhador se propaga predominantemente através do processo de radiação.
IV. O deslocamento das substâncias responsáveis pelo efeito estufa é consequência da propagação do calor por condução.

Estão corretas somente:
a) I e II.
b) I e III.
c) II e III.
d) III e IV.
e) II e IV.

7) (Enem) Com o objetivo de se testar a eficiência de fornos de micro-ondas, planejou-se o aquecimento em 10 °C de amostras de diferentes substâncias, cada uma com determinada massa, em cinco fornos de marcas distintas. Nesse teste, cada forno operou à potência máxima. O forno mais eficiente foi aquele que:
a) forneceu a maior quantidade de energia às amostras.
b) cedeu energia à amostra de maior massa em mais tempo.
c) forneceu a maior quantidade de energia em menos tempo.
d) cedeu energia à amostra de menor calor específico mais lentamente.
e) forneceu a menor quantidade de energia às amostras em menos tempo.

8) (Enem) As cidades industrializadas produzem grandes proporções de gases como o CO_2, o principal gás causador do efeito estufa. Isso ocorre por causa da quantidade de

combustíveis fósseis queimados, principalmente no transporte, mas também em caldeiras industriais. Além disso, nessas cidades concentram-se as maiores áreas com solos asfaltados e concretados, o que aumenta a retenção de calor, formando o que se conhece por "ilhas de calor". Tal fenômeno ocorre porque esses materiais absorvem o calor e o devolvem para o ar sob a forma de radiação térmica.

Em áreas urbanas, devido à atuação conjunta do efeito estufa e das "ilhas de calor", espera-se que o consumo de energia elétrica:

a) diminua devido à utilização de caldeiras por indústrias metalúrgicas.
b) aumente devido ao bloqueio da luz do sol pelos gases do efeito estufa.
c) diminua devido à não necessidade de aquecer a água utilizada em indústrias.
d) aumente devido à necessidade de maior refrigeração de indústrias e residências.
e) diminua devido à grande quantidade de radiação térmica reutilizada.

9) (UEM-PR) Sobre os conceitos de termodinâmica, assinale o que for correto:

01) Se dois corpos com diferentes temperaturas forem colocados em contato, certa quantidade de energia térmica será transferida de um corpo ao outro, devido, exclusivamente, à diferença de temperatura entre eles.
02) A quantidade de calor necessária para elevar em 1 °C a temperatura de 1 g de uma substância é denominada de calor específico dessa substância.
04) Quando uma quantidade de calor se transfere de um corpo a outro pelo processo de condução, essa energia se propaga devido à agitação atômica no material.
08) Nos líquidos, a transferência de calor ocorre, sobretudo, por meio das correntes de convecção, as quais são formadas devido à diferença entre as densidades das regiões mais quentes e mais frias do líquido.
16) A transferência de calor por radiação é realizada por meio de ondas eletromagnéticas, que se propagam somente na presença de um meio material.

10) (Colégio Naval-RJ) Assinale a opção que completa corretamente as lacunas das sentenças abaixo, em relação aos processos de transmissão de calor.
   I. Ao colocar um alimento para esquentar, a chama do fogão transmite calor para a panela principalmente por _____.
   II. O aparelho de ar condicionado instalado na parte superior de uma parede refrigera o ambiente por _____.
   III. O vidro espelhado das garrafas térmicas evita a propagação do calor por _____.
   IV. O congelador de uma geladeira, instalado na parte superior, tem por objetivo provocar a transmissão do calor por _____.
   V. Para facilitar a retirada de uma tampa metálica presa num vidro pode-se derramar água quente na tampa para que o calor, transmitido por _____ provoque a dilatação da mesma.

a) condução/convecção/irradiação/convecção/condução.
b) irradiação/convecção/condução/condução/convecção.
c) convecção/condução/irradiação/condução/convecção.
d) condução/condução/convecção/convecção/irradiação.
e) irradiação/condução/condução/convecção/convecção.

Parte II

capítulo sete

Eletrostática (carga elétrica, princípios e leis da eletrostática) e processos de eletrização (atrito, contato e indução)

Como outros ramos da física, a eletrostática, que estuda as cargas elétricas em repouso e a interação entre elas, também necessita de princípios e leis. Um dos princípios que conheceremos aqui é o da atração e repulsão, também conhecido como *Princípio de Du Fay*, em homenagem ao físico e químico **Charles François de Cisternay Du Fay** (1698-1739). Na sequência, estudaremos os processos de eletrização.

7.1 Um pouco de história

A eletricidade está tão fortemente presente em nosso dia a dia que não conseguimos mais imaginar nossa vida sem ela. Mas é difícil acreditar que, apesar de **Tales de Mileto**, no século VI a.C., ter descoberto que o âmbar, ao ser atritado, poderia atrair alguns objetos, foi somente em 1600 que **Willian Gilbert**, em seus estudos, chegou aos termos e conceitos de eletricidade.

Figura 7.1 – Âmbar

Ainda demoraria mais 150 anos (por volta de 1750) para que **Benjamin Franklin** realizasse experimentos nos quais propôs que existiam fluidos positivos e negativos. E mais alguns anos se passariam ainda até que um gerador (em Gare du Nord, Paris, 1875) ligasse as lâmpadas de arco voltaico da estação por meio de máquinas a vapor. A primeira hidrelétrica, por exemplo, foi instalada nas Cataratas do Niágara em 1886.

7.2 Carga elétrica

Todas as matérias que conhecemos são formadas por moléculas, que, por sua vez, são formadas por átomos, os quais, ainda, são formados por três partículas elementares: **prótons (p), nêutrons (n) e elétrons (e)**. Claro que existem partículas ainda menores, mas, para o nosso estudo, as citadas são suficientes.

Figura 7.2 – Modelo planetário de Rutherford

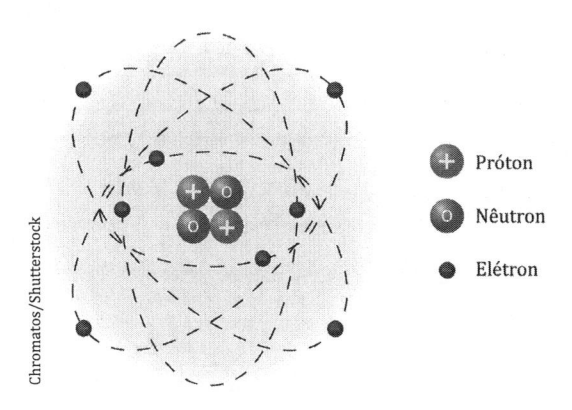

- ⊕ Próton
- ⊙ Nêutron
- ● Elétron

Observe a imagem do átomo. Os prótons e nêutrons ficam aglomerados no que chamamos de *núcleo*. Ao redor deste temos os elétrons orbitando no que é conhecido como *eletrosfera*. A massa dos prótons e nêutrons é praticamente igual, mas a do elétron é bem menor. Observe:

$$m_{elétron} \cong \frac{1}{2\,000} \cdot m_{próton}$$

A massa do elétron é aproximadamente 2 mil vezes menor que a massa do próton (Matson, 2016).

Mas, afinal, o que é **carga elétrica**? Imagine que possamos separar cada uma dessas partículas do átomo e jogar na direção de um ímã. As partículas positivas iriam desviar em certa direção, as negativas em outra, e os nêutrons não seriam afetados. Essa propriedade que as faz desviar ou não é chamada de *carga*; sendo assim, os prótons têm carga elétrica positiva, os elétrons, carga elétrica negativa, e os nêutrons, carga elétrica nula.

Essa carga tem valor absoluto idêntico para prótons e elétrons, sendo diferenciada apenas pelo sinal de positivo e negativo. Vale $e = 1{,}6 \cdot 10^{-19}$ C, cuja unidade no Sistema Internacional de Unidades (SI) é o Coulomb (C), em homenagem ao físico **Charles Augustin de Coulomb**.

Agora, observe as Figuras 7.3 e 7.4, que mostram, respectivamente, fios de cobre e uma borracha.

Figura 7.3 – Fio de cobre

Figura 7.4 – Borracha

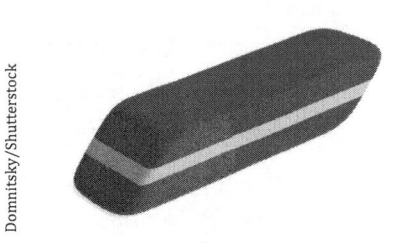

Em sua opinião, qual deles é condutor ou isolante de eletricidade?

Rapidamente, você dirá que o fio de cobre é condutor e a borracha é isolante (também chamado de *dielétrico*). Mas, por que um é condutor e o outro não? Para responder, vamos estudar os átomos.

Figura 7.5 – Átomo

Nos metais, alguns elétrons de cada átomo liberam-se da atração do núcleo e passam a se movimentar livremente dentro do material (no caso, o fio de cobre). Tratando-se do cobre, especificamente, existe uma quantidade enorme de elétrons livres e, por esse motivo, acabam sendo condutores.

Ao contrário dos condutores, os materiais que não possuem elétrons livres (ou o número é muito pequeno) são chamados de *isolantes*.

Para memorizar

- Materiais com elétrons livres permitem a passagem de uma carga elétrica e são bons condutores de eletricidade.
- Materiais com poucos (ou quase nada) elétrons livres não permitem a passagem de uma carga elétrica, logo, são maus condutores e se tornam isolantes (dielétricos).

7.3 Processos de eletrização

Você já deve ter percebido em seu cotidiano os processos de eletrização de que vamos falar agora; porém, é provável que não tenha se dado conta disso. Quer ver? Já tirou uma blusa de lã em dias mais secos e escutou um "estalo"? Já teve dificuldade em abrir uma sacola de supermercado? Já passou o braço perto da TV e teve piloereção (quando os pelos do braço ficam eriçados)? Pois é, esses são exemplos de **eletrização**.

Figura 7.6 – Processos de eletrização

Dizer que um corpo está ou é neutro não quer dizer que ele não possui cargas positivas ou negativas, mas somente que estas estão em equilíbrio (mesmo número).

Mas, antes de tudo, vamos definir *eletrização*, que consiste em tornar diferente o número de prótons e elétrons por meio de algum processo. Mede-se o valor da carga de um objeto pela quantidade de números de elétrons (ou prótons) que ele tem em excesso. Como vimos, no SI, a unidade de carga é denominada *Coulomb* (C).

Para termos ideia, 1 C representa uma carga de $6,25 \cdot 10^{18}$ elétrons (6 250 000 000 000 000 000 quintilhões). Se ganhou elétrons a carga, é negativa; se perdeu, é positiva.

Podemos definir a carga de um corpo, matematicamente, por meio da seguinte relação:

$$Q = \pm n \cdot e$$

Em que:

- Q = Carga elétrica, medida em C;
- n = quantidade de cargas elementares (números de elétrons em falta ou em excesso em um corpo, sempre valores inteiros → n = 1, 2, 3, 4...);
- e = carga elétrica elementar (e = $1,6 \cdot 10^{-19}$ C, medida em C).

Como estamos falando ainda de cargas que não estão em movimento (eletrostática), é necessário comentar que ela é descrita por dois princípios básicos:

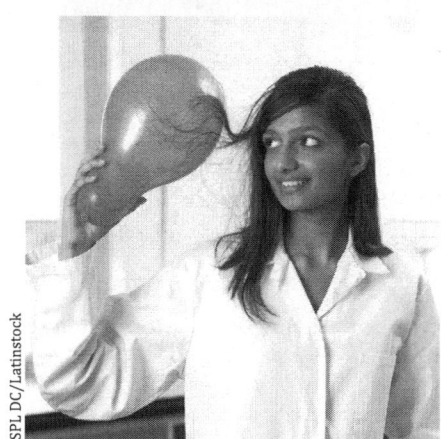

Fisicamente falando, existem alguns processos principais de eletrização. Vamos estudá-los na sequência.

1. Cargas de **mesmo sinal** se **repelem** e cargas de **sinais opostos** se **atraem**.
2. Existe um **princípio de conservação de cargas elétricas** (se não houver interferências no sistema ou sistema isolado).

A Figura 7.7, a seguir, representa o que acabamos de descrever.

Figura 7.7 – Princípio de Du Fay

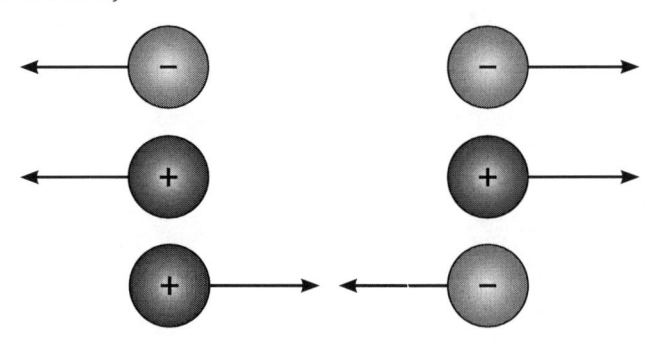

Fonte: Adaptado de Estudo prático, 2014.

A Figura 7.7 nos mostra que objetos de mesmo sinal (menos e menos ou mais e mais) se repelem com a mesma força de repulsão, e objetos de sinais contrários (mais e menos) se atraem com a mesma força de atração.

7.3.1 Processo de eletrização por atrito

Faça o teste: atrite (esfregue) uma caneta em uma blusa e depois aproxime o tubo de pedacinhos de papel picado. O resultado é o que chamamos de *eletrização por atrito*. Quando atritados, um dos corpos perde carga negativa e o outro ganha (lembre-se de que, inicialmente, ambos os corpos eram neutros). Ao final, os corpos ficam com cargas iguais em módulo, mas com sinais opostos.

Figura 7.8 – Eletrização por atrito

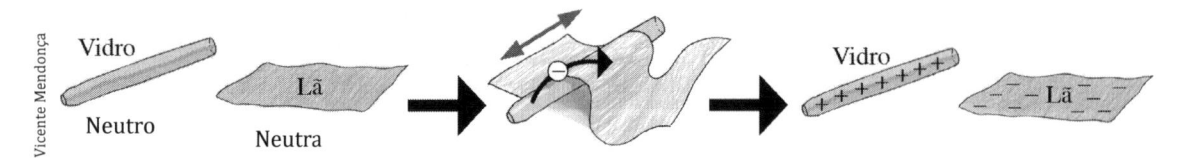

Fonte: Adaptado de Mundo Educação, 2016.

Vale lembrar que nem todos os materiais, quando atritados, geram eletrização visível, assim como alguns fazem isso com maior ou menor facilidade. Indicamos no Quadro 7.1 (série triboelétrica[1]), a seguir, alguns materiais que ficam carregados de modo mais fácil, positivamente e negativamente.

Quadro 7.1 – Série triboelétrica

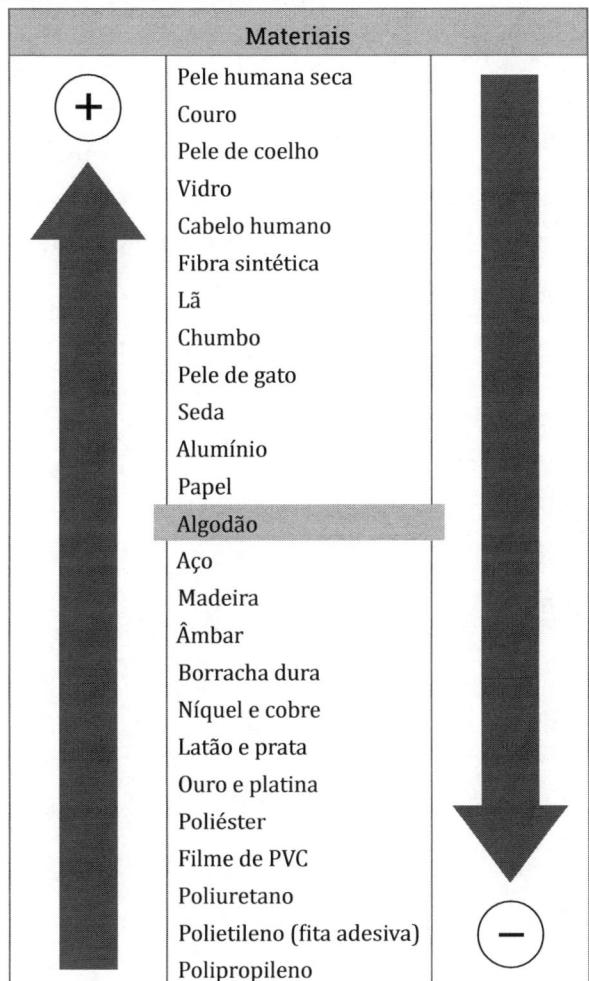

Materiais
Pele humana seca
Couro
Pele de coelho
Vidro
Cabelo humano
Fibra sintética
Lã
Chumbo
Pele de gato
Seda
Alumínio
Papel
Algodão
Aço
Madeira
Âmbar
Borracha dura
Níquel e cobre
Latão e prata
Ouro e platina
Poliéster
Filme de PVC
Poliuretano
Polietileno (fita adesiva)
Polipropileno

Fonte: Adaptado de Alunos Online, 2016b.

Perceba que, no quadro, o algodão está bem no meio e, por isso, podemos considerá-lo com carga neutra. Já a lã está mais acima, tendo carga positiva, pois fornece elétrons. Nesse caso, quando você retira uma camiseta de algodão do corpo em dias secos, dificilmente perceberá os "estalinhos" que ocorrem. No entanto, em dias frios, será fácil percebê-los ao retirar uma blusa de lã.

No caso de uma camiseta de poliéster, por exemplo, há uma grande concentração de carga negativa, logo, esta adere ao corpo, pois a pele humana tende a ficar com sinal positivo e a camiseta de poliéster com sinal negativo, atraindo-se mutuamente.

7.3.2 Processo de eletrização por contato

Caso um dos corpos colocados em contato (encostado) não esteja neutro, não é necessário atritar para que ocorra a eletrização do outro, pois os corpos tendem a entrar em equilíbrio e o fazem doando o tipo de carga em excesso para o outro. Portanto, ao final, eles ficam com cargas de mesmo módulo e mesmo sinal.

[1] *Série triboelétrica é uma lista de materiais que mostra os que têm maior tendência em se tornar positivos (doando elétrons) ou negativos (recebendo elétrons).*

Figura 7.9 – Eletrização por contato

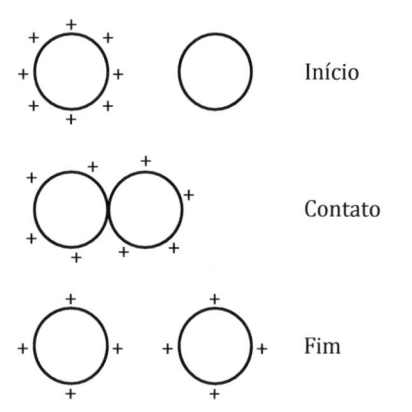

Início

Contato

Fim

Analisando a Figura 7.9, vemos dois corpos: um carregado com oito sinais de mais (+) e outro corpo neutro. No contato, os sinais (+) são distribuídos entre os dois corpos, mas eles ainda continuam com oito sinais de mais (+). Após o contato, na separação, cada corpo terá quatro sinais de mais (+). Isso se aplica também ao sinal de menos (–) e a corpos idênticos (mesmo material e dimensões). O corpo eletrizado se divide igualmente no que encosta nele, o que garante a lei da conservação da energia elétrica.

7.3.3 Processo de eletrização por indução

Se um corpo eletrizado for colocado em contato com a Terra, ele será neutralizado, pois, caso tenha excesso de elétrons, estes serão descarregados na Terra; do contrário, eles serão doados a ela.

Esse processo é fundamentado no princípio básico de atração e repulsão que comentamos anteriormente, pois ocorre somente pela aproximação de um corpo eletrizado a outro, que pode estar eletrizado ou neutro.

Isso ocorre em três etapas:

3. Um corpo eletrizado é aproximado de outro corpo condutor neutro;
4. o corpo induzido (no caso, o condutor metálico) é ligado à Terra (aterrado);
5. desliga-se o aterramento e, posteriormente, é possível perceber que o corpo fica carregado eletricamente com carga oposta ao do indutor.

A Figura 7.10 ilustra cada uma dessas etapas.

Figura 7.10 – Eletrização por indução

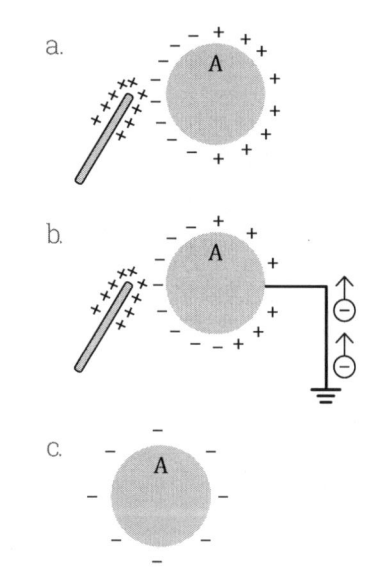

a.

b.

c.

Fonte: Adaptado de Wnt2knw.com, 2016.

Agora, vamos tentar demonstrar uma situação. Certas escovas – geralmente com cerdas metálicas e cabo de plástico –, ao entrar em contato com o cabelo, em vez de "baixá-lo", acaba o arrepiando mais ainda. Por que isso acontece?

Vamos lá: primeiramente, você está atritando a escova no cabelo, ou seja, está ocorrendo um processo de eletrização por atrito, logo, o cabelo começa a adquirir cargas de **mesmo** sinal e, sendo assim, elas se repelem, o que faz com que o cabelo fique arrepiado.

Supondo que o pente e o cabelo estejam inicialmente neutros, eles são atritados e, então, se eletrizam. Se o pente perde 10^{19} elétrons, qual será a carga elétrica da escova e do cabelo após a eletrização?

Resposta:
$Q_{escova} = n \cdot e$
$Q_{escova} = 10^{19} \cdot 1,6 \cdot 10^{-19}$
$Q_{escova} = \mathbf{1,6\ C}$

Como o sistema (escova e cabelo) está isolado, o princípio de conservação não se altera. Veja:

$Q_{escova} = 1,6$ C (perdeu elétrons, sinal positivo – excesso de prótons)

$Q_{escova} = -1,6$ C (ganhou elétrons, sinal negativo – falta de prótons)

Observação: Somente se ganha ou se perde *elétrons*, pois são eles que se movimentam dentro do átomo.

Vamos fazer outra experiência: pegue a escova eletrizada e a aproxime de pedaços de papel. Você verificará que os papéis serão atraídos por ela.

7.4 Lei de Coulomb

O francês **Charles Augustin de Coulomb** (1736-1806) conseguiu estabelecer, experimentalmente e com medidas cuidadosas, uma expressão matemática que nos permite calcular essa força de interação entre dois pequenos objetos eletrizados.

Além de todos esses conceitos teóricos que estudamos, podemos calcular a força com que as cargas se repelem ou se atraem.

Para tanto, utilizamos a Lei de Coulomb, a qual nos diz que "a força que cada carga sofre é diretamente proporcional ao produto das cargas e inversamente proporcional ao quadrado da distância que as separam".

Traduzindo para a matemática, temos:

$$F \propto \frac{Q_1 \cdot Q_2}{d^2}$$

Na Figura 7.11, podemos perceber que, se as cargas têm sinais contrários (positivo e negativo), teremos uma força de atração entre os corpos; caso as cargas sejam de sinais iguais (positivo com positivo ou negativo com negativo), teremos uma força de repulsão.

Figura 7.11 – Lei de Coulomb

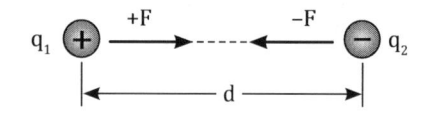

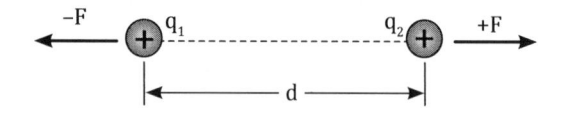

Fonte: Adaptado de Geocities, 2016.

Para que a equação se torne uma igualdade, inserimos uma constante k, que depende do meio onde está sendo feita a medição.

Como normalmente consideramos o vácuo, utilizamos o valor da constante eletrostática no vácuo: $k = 9 \cdot 10^9 \frac{N \cdot m^2}{c^2}$.
Assim, a equação será:

$$F = k \frac{|Q_1 \cdot Q_2|}{d^2}$$

Em que:

- F = força elétrica, em Newton (N);
- k = constante eletrostático no vácuo, em Newton, metro ao quadrado por Coulomb ao quadrado (N · m²/C²);
- Q_1 e Q_2 = cargas elétricas, em Coulomb (C);
- d = distância entre as cargas, em metros (m).

Observe que a força elétrica é uma grandeza vetorial, ou seja, tem módulo, direção e sentido:

- **Módulo**: $F = k \frac{|Q_1 \cdot Q_2|}{d^2}$;
- **Direção**: a mesma da reta que une as cargas;
- **Sentido**: repulsão, se forem cargas de mesmo sinal, e atração, se forem cargas de sinais contrários.

Se fizéssemos um experimento de atração (escova e papel) no ar, teríamos um resultado, e dentro da água, obviamente, teríamos outro. Por isso, o meio onde é calculado esse experimento é muito importante, mas, na maioria dos casos, será o vácuo.

7.5 Campo elétrico

Você certamente já colocou as mãos perto de uma chama para esquentá-las e as aproximou ou afastou conforme a necessidade. Quando suas mãos já estavam aquecidas, provavelmente você foi se afastando e, mesmo de longe, pôde sentir o calor, mas com intensidade menor, certo? Essa experiência pode ser comparada ao **campo elétrico**.

Tomando uma carga como "fonte" e outra como "prova", podemos perceber que esta última está sob a influência da primeira e fica sujeita a uma força. Assim como na chama, quanto mais afastada da fonte, menor será a influência e, consequentemente, menor a força de atração ou repulsão entre elas.

Vamos observar, na prática, uma aplicação do campo elétrico? Leia o texto a seguir.

O sentido elétrico dos Tubarões

Eletrossensores em ação

Tubarões e espécies relacionadas sentem campos elétricos extremamente fracos gerados por outros animais na água salgada graças a centenas, talvez milhares de detectores especializados em seu focinho chamados ampolas de Lorenzini [...]. Os campos conduzem eletricidade em canais cheios de gel, bem isolados [...], que se estendem dos poros da pele às ampolas em forma de bulbo [...] alinhadas com uma camada única de células sensoriais [...]. Essas células, que respondem a cada ligeira mudança na carga elétrica do gel no canal, ativam por sua vez os nervos próximos, que informam o cérebro da presença do campo.

Uma célula sensorial reage quando um campo externo produz um pequeno potencial elétrico em sua membrana, levando os canais a permitir a entrada de íons de cálcio de carga positiva. O afluxo de carga positiva faz com que a célula libere neurotransmissores nas sinapses, ou pontos de contato, dos nervos para o cérebro, estimulando sua ativação. A taxa de estímulos indica a força e a polaridade do campo externo, enquanto sua localização relativa ao tubarão é supostamente determinada pela posição dos poros ativados em seu corpo. As células retornam ao seu estado original após a abertura de um segundo tipo de canal de membrana, que permite que a saída dos íons de potássio de carga positiva.

Fonte: Scientific American Brasil, 2007.

Retornando ao estudo do campo elétrico em geral, matematicamente, ele pode ser dado por meio da seguinte equação:

$$E = \frac{F}{q}$$

Em que:

- E = campo elétrico, dado em N/C (Newton por Coulomb);
- F = força elétrica, dada em N;
- q = carga, expressa em C.

Como resultado da razão entre uma grandeza vetorial (força elétrica) e uma grandeza escalar (carga), o campo elétrico é uma grandeza vetorial. Sendo assim, necessitamos de módulo, direção e sentido:

- **Módulo**: $\vec{E} = \frac{\vec{F}}{|q|}$;
- **Direção**: mesma direção da força;
- **Sentido**: carga q > 0 (carga positiva) é o mesmo da força; carga q < 0 (carga negativa) é o contrário da força.

Observe a Figura 7.12.

Figura 7.12 – Sentido da força elétrica

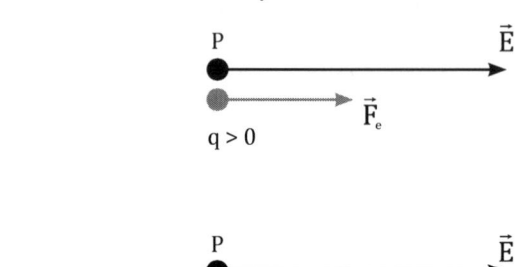

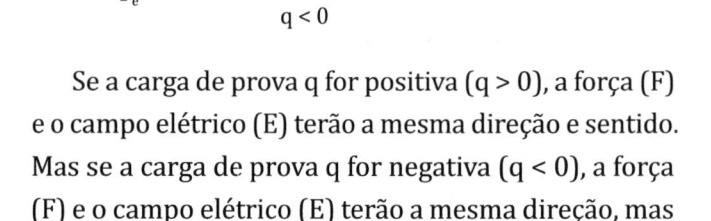

Se a carga de prova q for positiva (q > 0), a força (F) e o campo elétrico (E) terão a mesma direção e sentido. Mas se a carga de prova q for negativa (q < 0), a força (F) e o campo elétrico (E) terão a mesma direção, mas sentidos contrários.

Analisando a Figura 7.12, percebemos que a carga geradora (q) é positiva e, consequentemente, o campo elétrico (E) é de afastamento. Se a carga geradora (q) for negativa, o campo elétrico (E) será de aproximação.

Exercícios

1) (UFSC) A eletricidade estática gerada por atrito é fenômeno comum no cotidiano. Pode ser observada ao pentearmos o cabelo em um dia seco, ao retirarmos um casaco de lã ou até mesmo ao caminharmos sobre um tapete. Ela ocorre porque o atrito entre materiais gera desequilíbrio entre o número de prótons e elétrons de cada material, tornando-os carregados positivamente ou negativamente. Uma maneira de identificar qual tipo

de carga um material adquire quando atritado com outro é consultando uma lista elaborada experimentalmente, chamada série triboelétrica, como a mostrada abaixo. A lista está ordenada de tal forma que qualquer material adquire carga positiva quando atritado com os materiais que o seguem.

	Materiais		Materiais
1	Pele humana	10	Papel
2	Couro	11	Madeira
3	Pele de coelho	12	Latão
4	Vidro	13	Poliéster
5	Cabelo humano	14	Isopor
6	Náilon	15	Filme de PVC
7	Chumbo	16	Poliuretano
8	Pele de gato	17	Poiletileno
9	Seda	18	Teflon

Com base na lista triboelétrica, assinale a(s) proposição(ões) correta(s):

01) A pele de coelho atritada com teflon ficará carregada positivamente, pois receberá prótons do teflon.
02) Uma vez eletrizados por atrito, vidro e seda quando aproximados irão se atrair.
04) Em processo de eletrização por atrito entre vidro e papel, o vidro adquire carga de +5 unidades de carga, então o papel adquire carga de –5 unidades de carga.
08) Atritar couro e teflon irá produzir mais eletricidade estática do que atritar couro e pele de coelho.
16) Dois bastões de vidro aproximados depois de atritados com pele de gato irão se atrair.
32) Um bastão de madeira atritado com outro bastão de madeira ficará eletrizado.

2) (UECE) A matéria, em seu estado normal, não manifesta propriedades elétricas. No atual estágio de conhecimentos da estrutura atômica, isso nos permite concluir que a matéria:
a) é constituída somente de nêutrons.
b) possui maior número de nêutrons que de prótons.
c) possui quantidades iguais de prótons e elétrons.
d) é constituída somente de prótons.

3) (PUCPR) Um corpo possui $5 \cdot 10^{19}$ prótons e $4 \cdot 10^{19}$ elétrons. Considerando a carga elementar igual a $1,6 \cdot 10^{-19}\,C$, este corpo está:
a) carregado negativamente com uma carga igual a $1 \cdot 10^{-19}\,C$.
b) neutro.
c) carregado positivamente com uma carga igual a $1,6\,C$.
d) carregado negativamente com uma carga igual a $1,6\,C$.
e) carregado positivamente com uma carga igual a $1 \cdot 10^{-19}\,C$.

4) (Cesesp-PE) Sabe-se que a carga do elétron vale $-1,6 \cdot 10^{-19}$ C. Considere um bastão de vidro que foi atritado e perdeu elétrons, ficando positivamente carregado com a carga de $5,0 \cdot 10^{-6}$ C. Conclui-se que o número de elétrons retirados do bastão foi de, aproximadamente:
a) $1,6 \cdot 10^{16}$.
b) $3,1 \cdot 10^{11}$.
c) $2,5 \cdot 10^{10}$.
d) $3,1 \cdot 10^{13}$.
e) $1,6 \cdot 10^{15}$.

5) (UFSCar-SP) Atritando vidro com lã, o vidro se eletriza com carga positiva e a lã com carga negativa. Atritando algodão com enxofre, o algodão adquire carga positiva e o enxofre, negativa. Porém, se o algodão for atritado com lã, o algodão adquire carga negativa e a lã, positiva. Quando atritado com algodão e quando atritado com enxofre, o vidro adquire, respectivamente, carga elétrica:
a) positiva e positiva.
b) positiva e negativa.
c) negativa e positiva.
d) negativa e negativa.
e) negativa e nula.

6) (UEL-PR) Duas cargas iguais de $2 \cdot 10^{-6}$ C, se repelem no vácuo com uma força de 0,1 N. Sabendo-se que a constante elétrica do vácuo é $9 \cdot 10^9$ Nm²/C², a distância entre as cargas, em metros, é de:
a) 0,9.
b) 0,6.
c) 0,5.
d) 0,3.
e) 0,1.

7) (PUC Minas-MG) O eletroscópio de folhas ilustrado [...] está carregado positivamente. Quando uma pessoa tocar a esfera, as lâminas a e b se fecharão indicando que:

a) os nêutrons da pessoa passarão para o eletroscópio.
b) os prótons do eletroscópio passam para a pessoa.
c) passam-se elétrons da pessoa para o eletroscópio.
d) o calor da pessoa aqueceu as lâminas do eletroscópio fazendo com que elas se fechassem.

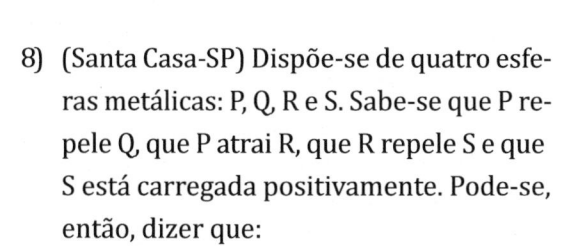

8) (Santa Casa-SP) Dispõe-se de quatro esferas metálicas: P, Q, R e S. Sabe-se que P repele Q, que P atrai R, que R repele S e que S está carregada positivamente. Pode-se, então, dizer que:
   a) P está carregada positivamente.
   b) P e R têm cargas de mesmo sinal.
   c) Q tem carga negativa.
   d) P e Q estão carregadas positivamente.
   e) P repele S.

9) (Fuvest-SP) Aproximando-se uma barra eletrizada de duas esferas condutoras, inicialmente descarregadas e encostadas uma na outra, observa-se a distribuição de cargas esquematizada na figura a seguir:

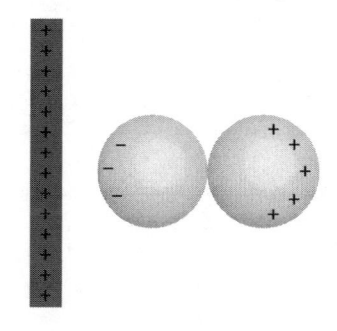

Em seguida, sem tirar do lugar a barra eletrizada, afasta-se um pouco uma esfera da outra. Finalmente, sem mexer mais nas esferas, remove-se a barra, levando-a para muito longe das esferas. Nessa situação final, a figura que melhor representa a distribuição de cargas nas duas esferas é:

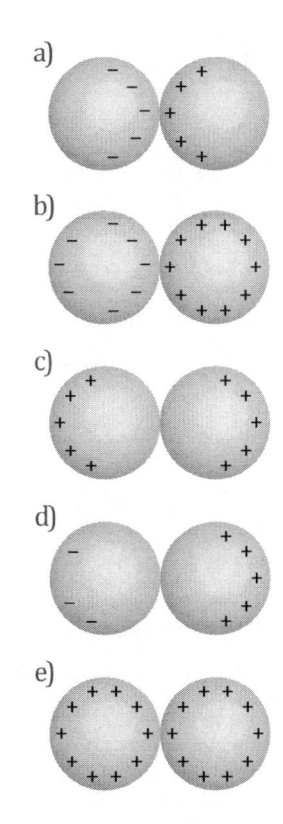

a)
b)
c)
d)
e)

10) (UFSM-RS) Considere as seguintes afirmativas:
   I. Um corpo não eletrizado possui um número de prótons igual ao número de elétrons.
   II. Se um corpo não eletrizado perde elétrons, passa a estar positivamente eletrizado e, se ganha elétrons, negativamente eletrizado.
   III. Isolantes ou dielétricos são substâncias que não podem ser eletrizadas.

Está(ão) correta(s):
a) apenas I e II.
b) apenas II.
c) apenas III.
d) apenas I e III.
e) I, II e III.

capítulo OITO

Grandezas escalares da eletrostática (energia potencial elétrica e potencial elétrico), distribuição de carga em um condutor (blindagem eletrostática e raios) e capacitores

Antes de iniciarmos o estudo deste capítulo, vamos responder às seguintes questões (volte a este conteúdo sempre que tiver dúvidas):

- O que são forças conservativas?
- Como a energia potencial está associada a essas forças?
- O trabalho realizado depende da trajetória?

Agora, vamos conhecer as respostas:

> **Forças conservativas** têm a propriedade de conservar energia. A **energia potencial** está associada a elas, pois o trabalho realizado para "vencer" uma força conservativa não é perdido, mas recuperado na forma de energia potencial. Além disso, o trabalho realizado não depende da trajetória (posição inicial e final).

Assim sendo, se colocarmos a carga de prova (q) – vista no capítulo anterior – em um ponto qualquer no qual um campo elétrico esteja atuando, a carga se desloca na direção e no sentido da força. Desse modo, podemos dizer que o trabalho realizado é positivo e diminui a energia potencial da carga. Caso ocorra o contrário, ou seja, a carga de prova se desloque no sentido contrário da força, o trabalho é negativo e sua energia potencial aumenta.

Analisando a Figura 8.1, a seguir, para calcularmos o trabalho da força elétrica a fim de deslocar a carga do ponto A para o ponto B em um campo elétrico, a equação será:

$$\tau_{AB} = EP_A - EP_B$$

Em que:

- τ = trabalho, no Sistema Internacional de Unidades (SI), em joule (J).
- E = energia potencial, no SI, em J.

Figura 8.1 – Trabalho da força elétrica

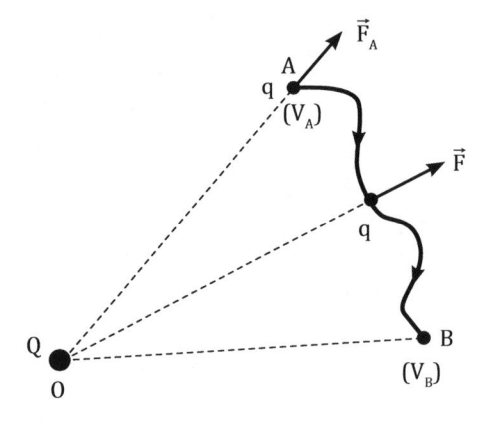

Fonte: Adaptado de Ferraro, 2016b.

Agora, observe a Figura 8.2.

Figura 8.2 – Trabalho da força elétrica

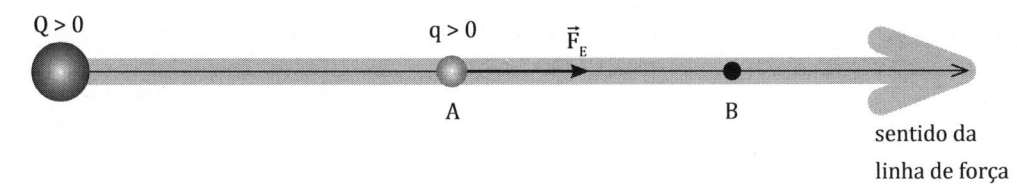

A B sentido da linha de força

Fonte: Adaptado de Ferraro, 2016a.

Tendo como base as Figuras 8.1 e 8.2, além do que abordamos anteriormente, se a força $\vec{F}$ for constante, o trabalho realizado será:

$$\tau = F \cdot d$$

Em que:

- τ = trabalho, no SI, em joule (J);
- F = força, no SI, em Newton (N);
- d = deslocamento, no SI, em metros (m).

Pelo fato de as cargas se atraírem ou se repelirem, elas irão adquirir movimento, e isso está ligado a outro fato: a energia cinética, que, por sua vez, está ligada à energia potencial armazenada. Assim, podemos definir uma grandeza chamada *energia potencial elétrica* ou *eletrostática*, simbolizada por E_p e dada matematicamente por:

$$E_P = k \frac{Q \cdot q}{d}$$

Em que:

- E = energia potencial elétrica, no SI, em joule (J);
- k = constante eletrostático no vácuo, no SI, em Newton, metro ao quadrado por Coulomb ao quadrado ($N.m^2/C^2$);
- Q_1 e Q_2 = cargas elétricas, no SI, em coulomb (C);
- d = distância entre as cargas, no SI, em metros (m).

Podemos também definir a grandeza potencial elétrica como sendo a energia elétrica por unidade de carga:

$$V = \frac{E_P}{q}$$

Em que:

- V = potencial elétrico, cuja unidade no SI é o volt (V).
- E_p = energia potencial, no SI, em Joule (J);
- q = carga, no SI, em C.

A **energia potencial** e o **potencial elétrico** são grandezas escalares e, assim, podem assumir valores com sinal tanto positivo quanto negativo. Sendo escalares, não necessitamos informar a direção e o sentido da carga. O potencial de 1 V é o potencial de um ponto que fornece a uma carga de 1 C, nele colocada, uma energia de 1 J.

Observe a Figura 8.3, a seguir.

Figura 8.3 – Alta voltagem

Em sua opinião, a informação está correta ou não? (também há placas com a mensagem "Perigo: alta tensão").

Bom, a grandeza elétrica que algumas placas trazem erroneamente com a palavra *voltagem* nada mais é do que a diferença de potencial (ddp). **Voltagem** é a derivação da unidade de resposta da tensão elétrica ou *ddp*, que é o volt. Portanto, não devemos utilizar a palavra *voltagem*, mas *tensão elétrica* ou *ddp*.

8.1 Diferença de potencial (ddp)

Você já se perguntou por que a tomada tem dois furos, a pilha dois lados (polos) e a bateria do carro dois terminais?

O **trabalho** realizado pela força elétrica para deslocar uma **carga** de um ponto A até um ponto B é igual **à diferença de energia potencial elétrica entre esses pontos**. Matematicamente, temos:

$$\tau_{AB} = q \cdot (V_A - V_B)$$

O termo $(V_A - V_B)$ é chamado de *diferença de potencial* (ddp), ou, ainda, *tensão elétrica*. Sua unidade no SI também é V e, geralmente, é representada pela letra U:

$$U = \frac{\tau_{AB}}{q}$$

Logo, a resposta para a questão do início desta seção é: todos os dispositivos citados trabalham com um terminal positivo e um negativo. Em uma linguagem mais coloquial, o negativo é o "neutro" e o positivo "a fase".

Atualmente, por conta do novo padrão brasileiro de plugues e tomadas, há ainda um terceiro pino (de aterramento), que serve para evitar que recebamos descargas elétricas inapropriadas. Mas não se iluda, é necessário que a local onde a tomada esteja instalada também esteja aterrado.

Um detalhe importante

Quando recebemos mensalmente a nossa fatura de consumo de energia elétrica, os indicadores de qualidade informam a tensão contratada para sua residência e também os limites (para mais e para menos).

Primeiramente, é preciso observar a especificação da tensão contratada (127 V ou 220 V).

Figura 8.4 – Tensão contratada

Indicadores de qualidade

Conjunto: BARIGUI
Mês Ref.: 10/2015

	DIC	FIC	DMIC	EUSD
Realizado:	0,00	0,00	0,00	(R$)
Limite mensal:	4,95	3,17	2,77	24,47
Limite trimestral:	9,91	6,35	–	
Limite Anual:	19,82	12,70	–	

Tensão contratada: 127 volts
Limite adequado de tensão: 117 a 133

O não cumprimento dos indicadores DIC, FIC, DMIC e DICRI definidos pela ANEEL resulta em compensação financeira ao consumidor pela concessionária no faturamento. É direito do consumidor solicitar a apuração destes indicadores a qualquer tempo.

Observe que a tensão contratada é de 127 V. Mas o que seriam esses 127 V?

De acordo com a fórmula $U = \dfrac{\tau_{AB}}{q} = \dfrac{127\,J}{1\,C} = 127\,V$, ou seja, será necessário realizar um trabalho de 127 J para levar uma carga de 1 C do ponto A até o ponto B, que é o trabalho realizado de A até B (τ_{AB}).

8.2 Distribuição de cargas em um condutor

Em um corpo condutor, as cargas elétricas se distribuem uniformemente pela sua superfície externa. Esse fato pode ser demonstrado por meio de uma série de experiências, e entre as mais conhecidas estão a Gaiola de Faraday e a experiência de Cavendish.

8.2.1 Blindagem eletrostática

Esse fenômeno ocorre em materiais condutores, como alumínio, grafite, níquel, ferro etc. Quando um corpo é eletrizado, a tendência é que ele entre em equilíbrio novamente, e as cargas tendem a se afastar umas das outras o máximo possível para que isso possa ocorrer. Ao atingir esse equilíbrio, o campo elétrico no interior desse condutor será nulo.

Figura 8.5 – Campo elétrico nulo

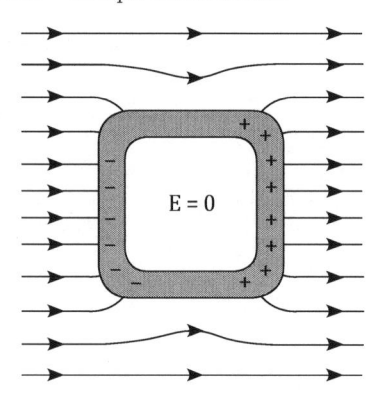

Quando o corpo não estiver carregado, mas em uma região que possua um campo elétrico causado por agentes externos, seu interior estará livre da ação dessas cargas. Por isso, é recomendado não sair do carro durante uma possível descarga elétrica (raio), uma vez que o veículo funcionará exatamente como a Gaiola de Faraday, blindando seu interior, e não porque estamos sobre pneus de borracha, como muitos pensam erroneamente.

8.2.2 Densidade elétrica superficial

Muitas vezes, queremos saber o valor da carga elétrica em um certo objeto/corpo. Para isso, é necessário definirmos uma grandeza chamada *densidade elétrica superficial*, que é dada por meio da divisão da carga total pela área em questão. Ou seja:

$$\sigma = \frac{Q}{A}$$

Em corpos simétricos, essa conta fica fácil, porém, em corpos em que não há simetria, o que é mais comum, a densidade elétrica varia ponto a ponto (ela é sempre maior nas regiões de menor raio de curvatura).

Figura 8.6 – Condutores carregados em equilíbrio eletrostático

Condutor carregado em equilíbrio eletrostático

Condutor carregado em equilíbrio eletrostático

Condutor carregado em equilíbrio eletrostático

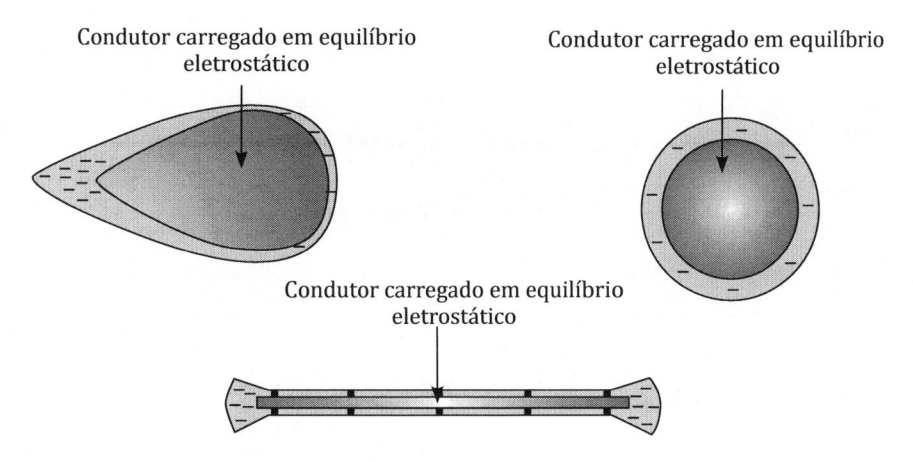

Fonte: Adaptado de Dal Moro, 2011.

Esse fato nos leva a um conceito muito útil para a utilização prática: o **poder das pontas**. Como afirmamos anteriormente, as cargas elétricas se acumulam nas regiões mais curvas. Logo, quanto mais pontiagudo for o objeto, maior a concentração de cargas nessa "ponta". Por isso, temos como consequência que:

- uma ponta sempre tem maior facilidade de se eletrizar que uma região sem pontas;
- se o corpo já está eletrizado, a ponta perde cargas elétricas mais facilmente que as regiões sem pontas;
- se o corpo já estiver eletrizado, a ponta tem uma ação muito mais forte sobre outros corpos que as demais regiões.

Mas, então, para que serve esse "poder das pontas" na prática? É por meio desse conceito que podemos construir um para-raios.

Figura 8.7 – Poder das pontas

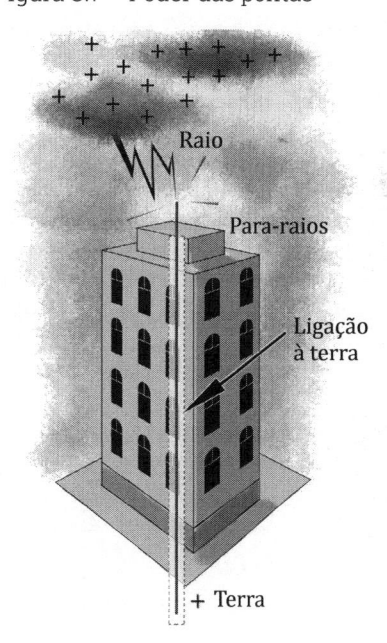

Fonte: Adaptado de E-Física, 2016c.

Ele serve para proteger construções em geral contra os raios. Geralmente são barras de metal (bons condutores e pontiagudos) colocados nas partes mais altas da construção, sempre ligado à Terra. Assim, quando uma nuvem carregada eletricamente passar perto do para-raios, por indução (que já estudamos anteriormente), aparece nele cargas elétricas de sinais opostos aos da nuvem, que é atraída. Ao invés de o raio cair sobre a construção, será atraído pelo para-raios e escoado até a Terra.

Resumindo, a zona de proteção que o para-raios oferece é um círculo em torno da construção de raio aproximadamente igual a duas vezes e meia a altura dela.

8.3 Capacidade e capacitância

Até agora, vimos a origem da eletricidade, como ela interage e como manipulá-la. Mas como é possível armazená-la? Para isso, fazemos uso de um dispositivo chamado *capacitor*.

Primeiramente, precisamos saber qual é a capacidade de um condutor. Para tanto, vamos considerar um condutor qualquer, inicialmente neutro, sendo eletrizado muito devagar. Depois, precisamos saber até que ponto podemos transferir carga para esse condutor, ou seja, qual a capacidade dele. Então, definimos capacidade ou capacitância (C) de um condutor eletrizado e isolado como sendo:

$$C = \frac{Q}{V}$$

A unidade no SI é o farad (F):

$$1 \text{ farad} = \frac{1 \text{ coulomb}}{1 \text{ volt}}$$

A energia potencial armazenada por um condutor eletrizado pode ser escrita da seguinte forma:

$$E_p = \frac{C \cdot V^2}{2}$$

Em que:

- E_p = energia potencial armazenada no condutor, no SI, em joule (J).
- C = capacitância, no SI, em farad (F);
- V = tensão, no SI, em volt (V).

Retornando ao fato de como armazenar essa energia, utilizamos, então, os **capacitores** ou **condensadores**.

Veja, a seguir, alguns exemplos de capacitores existentes no mercado eletrônico.

Figura 8.8 – Modelos de capacitores

Esses dispositivos, cuja função é armazenar cargas elétricas, são constituídos essencialmente por dois condutores separados por um material isolante (dielétrico). Estes são chamados de *armaduras* (placas metálicas)

A Figura 8.9, a seguir, mostra quais são os componentes de um capacitor.

Figura 8.9 – Capacitor e seus componentes

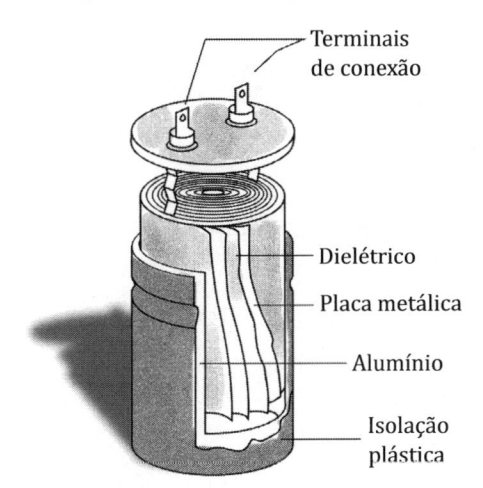

Fonte: Adaptado de Eletrônica Didática, 2016.

Em um circuito elétrico, utilizamos alguns símbolos. O de capacitor é:

Um exemplo de circuito elétrico com o símbolo do capacitor (C) é apresentado na Figura 8.10.

Figura 8.10 – Circuito elétrico

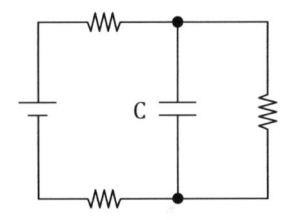

Agora que sabemos como a capacitância é medida, podemos, por meio de algumas deduções matemáticas, afirmar que a energia armazenada por um capacitor é representada por:

$$E_p = \frac{C \cdot V^2}{2}$$

Em que:

- E_p = energia potencial, em joule (J);
- C = capacitância, em farad (F);
- V = tensão, em volt (V).

Observação

Um capacitor é descarregado quando existe um caminho condutor entre suas placas.

Para determinarmos a capacidade (C) de um capacitor plano, devemos considerar a área – m² (A) das armaduras; a distância – m (d) entre as armaduras; e a natureza do dielétrico (ε) entre as armaduras. Então, temos:

$$C = \varepsilon \frac{A}{d}$$

Em que:

- C = capacitância, no SI, em farad (F);
- A = área, no SI, em metros ao quadrado (m²);
- d = distância entre as placas, no SI, em metros (m);
- ε = constante de permissividade elétrica do material isolante, no SI, em farad por metro (F/m).

Observe a Figura 8.11, a seguir, que mostra dois capacitores, e responda: Qual é o valor da capacitância deles?

Figura 8.11 – Especificações técnicas de um capacitor

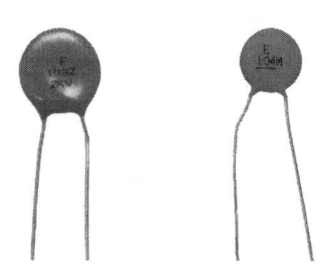

Vamos às especificações. Geralmente, os capacitores estão expressos em pF (picofarads = 10^{-12} F = 0,000 000 000 001 F).

O número 103 representa: 10×10^3 = 10 000 pF = 0,000 000 01 F.

O número 104 representa: 10×10^4 = 100 000 pF = 0,000 000 1 F.

Provavelmente, você já deva ter utilizado o *flash* de uma máquina fotográfica. A bateria (ou pilhas) da máquina fotográfica carrega o capacitor, e este, após carregado, armazena uma determinada quantidade de energia elétrica. No momento em que o *flash* é acionado, o capacitor é instantaneamente descarregado, fornecendo energia elétrica para a luz aparecer. Perceba que não é possível fazer rapidamente outra foto com *flash* – é necessário esperar (questão de segundos) o capacitor recarregar.

Exercícios

1) (Unirio-RJ) Michael Faraday, um dos fundadores da moderna teoria da eletricidade, introduziu o conceito de campo na Filosofia Natural. Uma de suas demonstrações da existência do campo elétrico se realizou da seguinte maneira: Faraday construiu uma gaiola metálica perfeitamente condutora e isolada do chão e a levou para uma praça. Lá, ele se trancou dentro da gaiola e ordenou a seus ajudantes que a carregassem de eletricidade e se afastassem. Com a gaiola carregada, Faraday caminhava sem sentir qualquer efeito da eletricidade armazenada em suas grades, enquanto quem de fora encostasse nas grades sem estar devidamente isolado sofria uma descarga elétrica dolorosa. Por que Faraday nada sofreu, enquanto as pessoas fora da gaiola podiam levar choques?

a) O potencial elétrico dentro e fora da gaiola é diferente de zero, mas dentro da gaiola este potencial não realiza trabalho.

b) O campo elétrico no interior de um condutor em equilíbrio eletrostático é nulo, no entanto fora da gaiola existe um campo elétrico não nulo.

c) O campo elétrico não é capaz de produzir choques em pessoas presas em lugares fechados.

d) Os valores do potencial elétrico e do campo elétrico são constantes dentro e fora da gaiola.

e) A diferença de potencial elétrico entre pontos dentro da gaiola e entre pontos da gaiola com pontos do exterior é a mesma, mas, em um circuito fechado, a quantidade de carga que é retirada é igual àquela que é posta.

2) (PUC Minas-MG) Em dias secos e com o ar com pouca umidade, é comum ocorrer o choque elétrico ao se tocar em um carro ou na maçaneta de uma porta em locais onde o piso é recoberto por carpete. Pequenas centelhas elétricas saltam entre as mãos das pessoas e esses objetos. As faíscas elétricas ocorrem no ar quando a diferença de potencial elétrico atinge o valor de 10 000 V numa distância de aproximadamente 1 cm. A esse respeito, marque a opção **correta**:

a) A pessoa toma esse choque porque o corpo humano é um bom condutor de eletricidade.

b) Esse fenômeno é um exemplo de eletricidade estática acumulada nos objetos.

c) Esse fenômeno só ocorre em ambientes onde existem fiações elétricas, como é o caso dos veículos e de ambientes residenciais e comerciais.

d) Se a pessoa estiver calçada com sapatos secos de borracha, o fenômeno não acontece, porque a borracha é um excelente isolante elétrico.

3) (Unicamp-SP) Quando um rolo de fita adesiva é desenrolado, ocorre uma transferência de cargas negativas da fita para o rolo, conforme ilustrado na figura [...]. Quando o campo elétrico criado pela distribuição de cargas é maior que o campo elétrico de ruptura do meio, ocorre uma descarga elétrica. Foi demonstrado recentemente que essa descarga pode ser utilizada como uma fonte econômica de raios X.

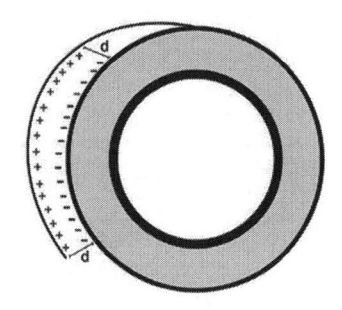

No ar, a ruptura dielétrica ocorre para campos elétricos a partir de $E = 3{,}0 \cdot 10^6$ V/m. Suponha que ocorra uma descarga elétrica entre a fita e o rolo para uma diferença de potencial $V = 9$ kV. Nessa situação, pode-se afirmar que a distância máxima entre a fita e o rolo vale:

a) 3 mm.
b) 27 mm.
c) 2 mm.
d) 37 nm.

4) (Fuvest-SP) Um raio proveniente de uma nuvem transportou para o solo uma carga de 10 C sob uma diferença de potencial de 100 milhões de volts.

Note e adote: 1 J $= 3 \cdot 10^7$ V/m.

A energia liberada por esse raio é:

a) 30 MWh.
b) 3 MWh.
c) 300 kWh.
d) 30 kWh.
e) 3 kWh.

5) (Enem) Duas irmãs que dividem o mesmo quarto de estudos combinaram de comprar duas caixas com tampas para guardarem seus pertences dentro de suas caixas, evitando, assim, a bagunça sobre a mesa de estudos. Uma delas comprou uma metálica, e a outra, uma caixa de madeira de área e espessura lateral diferentes, para facilitar a identificação. Um dia as meninas foram estudar para a prova de Física e, ao se acomodarem na mesa

de estudos, guardaram seus celulares ligados dentro de suas caixas.

Ao longo desse dia, uma delas recebeu ligações telefônicas, enquanto os amigos da outra tentavam ligar e recebiam a mensagem de que o celular estava fora da área de cobertura ou desligado.

Para explicar essa situação, um físico deveria afirmar que o material da caixa, cujo telefone celular não recebeu as ligações é de:

a) madeira, e o telefone não funcionava porque a madeira não é um bom condutor de eletricidade.
b) metal, e o telefone não funcionava devido à blindagem eletrostática que o metal proporcionava.
c) metal, e o telefone não funcionava porque o metal refletia todo tipo de radiação que nele incidia.
d) metal, e o telefone não funcionava porque a área lateral da caixa de metal era maior.
e) madeira, e o telefone não funcionava porque a espessura desta caixa era maior que a espessura da caixa de metal.

6) (UFRN) Uma das aplicações tecnológicas modernas da eletrostática foi a invenção da impressora a jato de tinta. Esse tipo de impressora utiliza pequenas gotas de tinta, que podem ser eletricamente neutras ou eletrizadas positiva ou negativamente. Essas gotas são jogadas entre as placas defletoras da impressora, região onde existe um campo elétrico uniforme, atingindo, então, o papel para formar as letras. A figura a seguir mostra três gotas de tinta, que são lançadas para baixo, a partir do emissor. Após atravessar a região entre as placas, essas gotas vão impregnar o papel. (O campo elétrico uniforme está representado por apenas uma linha de força.)

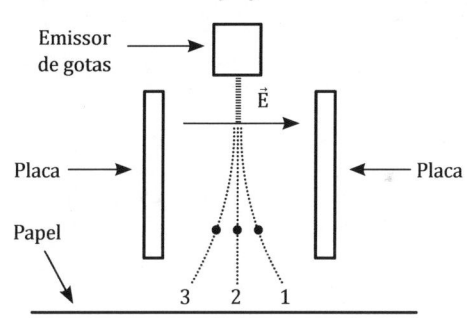

Pelos desvios sofridos, pode-se dizer que a gota 1, a 2 e a 3 estão, respectivamente:
a) carregada negativamente, neutra e carregada positivamente.
b) neutra, carregada positivamente e carregada negativamente.
c) carregada positivamente, neutra e carregada negativamente.
d) carregada positivamente, carregada negativamente e neutra.

7) (UFRN) Mauro ouviu no noticiário que os presos do Carandiru, em São Paulo, estavam comandando, de dentro da cadeia, o tráfico de drogas e fugas de presos de outras cadeias paulistas, por meio de telefones celulares. Ouviu também que uma solução possível para evitar os telefonemas, em virtude de ser difícil controlar a entrada de telefones no presídio, era fazer uma blindagem das ondas eletromagnéticas, usando telas de tal forma que as ligações não fossem completadas. Mauro ficou em dúvida se as telas eram metálicas ou plásticas. Resolveu, então, com seu celular e o telefone fixo de sua casa, fazer duas experiências bem simples.
1) Mauro lacrou um saco plástico com seu celular dentro. Pegou o telefone fixo e ligou para o celular. A ligação foi completada.
2) Mauro repetiu o procedimento, fechando uma lata metálica com o celular dentro. A ligação não foi completada.

O fato de a ligação não ter sido completada na segunda experiência, justifica-se porque o interior de uma lata metálica fechada:

a) permite a polarização das ondas eletromagnéticas, diminuindo a sua intensidade.
b) fica isolado de qualquer campo magnético externo.
c) permite a interferência destrutiva das ondas eletromagnéticas.
d) fica isolado de qualquer campo elétrico.

8) (UFF-RJ) Considere a seguinte experiência: "Um cientista construiu uma grande gaiola metálica, isolou-a da Terra e entrou nela. Seu ajudante, então, eletrizou a gaiola, transferindo-lhe grande carga." Pode-se afirmar que:
a) o cientista nada sofreu, pois o potencial da gaiola era menor que o de seu corpo.
b) o cientista nada sofreu, pois o potencial de seu corpo era o mesmo que o da gaiola.
c) mesmo que o cientista houvesse tocado no solo, nada sofreria, pois o potencial de seu corpo era o mesmo que o do solo.
d) o cientista levou choque e provou com isso a existência da corrente elétrica.

9) (Acafe-SC) Em uma cartilha fornecida pelos DETRANs do país é alertado sobre o risco em caso de acidente e cabos

elétricos estarem em contato com os veículos. Nesta cartilha há um erro conceitual quando é afirmado que:

> *No interior dos veículos, as pessoas estão seguras, desde que os pneus estejam intactos e não haja nenhum contato com o chão. Se o cabo estiver sobre o veículo, elas podem ser eletrocutadas ao tocar o solo. Isso já não ocorre se permanecerem no seu interior, pois o mesmo está isolado pelos pneus.* (Noções de Primeiros Socorros no Trânsito, 2005)

Assinale a alternativa correta que proporciona uma justificativa cientificamente adequada para a situação descrita na cartilha.

a) As pessoas jamais estarão seguras, pois os pneus não tem isolamento adequado.
b) As pessoas devem permanecer no interior do carro porque estão blindadas eletricamente, independente de estarem isoladas pelos pneus.
c) Os pneus devem estar cheios de ar, caso contrário não haverá isolamento.
d) Se as pessoas estiverem com calçados de borracha elas podem saltar do carro.

10) (UEL-PR) A carga do capacitor é a carga Q da sua armadura positiva. A relação entre a carga Q e a ddp U é constante e igual à capacidade eletrostática do capacitor: Q/U = C

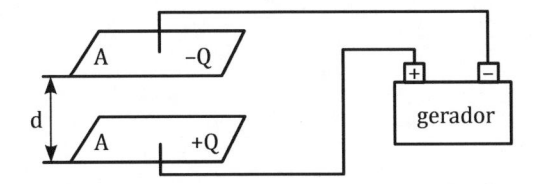

Quando uma ddp de 100 V é aplicada nas armaduras de um capacitor de capacidade $C = 8{,}85 \cdot 10^{-12}$ F, a carga do capacitor, em coulombs, vale:

a) $8{,}85 \cdot 10^{-10}$.
b) $8{,}85 \cdot 10^{-9}$.
c) $8{,}85 \cdot 10^{-7}$.
d) $8{,}85 \cdot 10^{-6}$.
e) $8{,}85 \cdot 10^{-3}$.

capítulo nove

Corrente elétrica (definição e intensidade), resistor e leis de Ohm

Lembra-se da imagem da placa com a mensagem "Perigo: alta voltagem", vista no capítulo anterior? A corrente elétrica (amperagem) que se estabelece entre dois pontos (A e B) do corpo depende da tensão e da resistência elétrica entre esses pontos.

Ainda no que diz respeito à resistência elétrica, os manuais de aparelhos elétricos, como chuveiros, normalmente contêm recomendações quanto à instalação, como não mudar a seleção de temperatura do chuveiro com os pés molhados ou colocar fios desencapados em chão molhado.

A pele humana **seca** tem certa resistência da ordem de 10^6 ohm (1 000 000 Ω), e a úmida da ordem de 10^3 ohm (1 000 Ω). Logo, o termo *resistência* significa fazer uma oposição à passagem da corrente elétrica. Perceba que a pele úmida tem uma resistência bem menor, portanto, terá uma maior passagem de corrente elétrica.

Mas, vamos deixar claro que o que importa para os efeitos fisiológicos é a **corrente elétrica**, que depende também da tensão e de outras circunstâncias (corpo molhado, pés descalços, entre outras).

Sabemos que uma determinada corrente elétrica pode levar um ser humano à morte. Vamos conhecer alguns valores?

Tabela 9.1 – Corrente elétrica e respectivos danos biológicos

Corrente elétrica	Dano biológico
Até 10 mA (0,01 A)	Dor e contrações musculares.
De 10 mA até 20 mA (0,01 até 0,02 A)	Aumento das contrações musculares.
De 20 mA até 100 mA (0,02 A até 0,1 A)	Parada respiratória.
De 100 mA até 3 A (0,1 A até 3 A)	Fibrilação ventricular que pode ser fatal.
Acima de 3 A	Parada cardíaca, queimaduras graves.

Fonte: Elaborado com base em Durán, 2003.

Você sabe o que é um desfibrilador?
É um gerador de energia elétrica de tensão regulável que tem a capacidade de estimular o coração com dificuldades de contração. Há certos aparelhos que liberam uma energia de 50 J a 300 J em certo intervalo de tempo.

Figura 9.1 – Desfibrilador e sua utilização

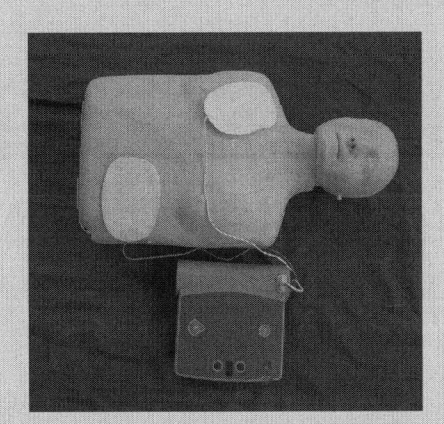

Para saber mais

A Agência Nacional de Vigilância Sanitária (Anvisa) publicou, em 2011, um manual da utilização do desfibrilador externo no *Boletim Informativo de Tecnovigilância* (BIT). Para ler esse material na íntegra, acesse: <http://www.anvisa.gov.br/boletim_tecno/boletim_tecno_fev2011/doc/boletim_tecno_boletim_tecno_fev2011_integra.pdf>. Acesso em: 4 jan. 2016.

Voltando à corrente elétrica, você sabe realmente quais são os efeitos que ela pode ter?

Ao percorrer um condutor, a corrente elétrica pode causar os seguintes efeitos:

- **Efeito térmico ou efeito Joule**: os constantes choques entre os elétrons livres (atrito) fazem com que a maior parte da energia cinética se transforme em calor (por exemplo: secador de cabelo, chuveiro, aquecedor, ferro elétrico etc.).
- **Efeito luminoso**: em determinadas condições, a passagem da corrente elétrica através de um gás rarefeito faz com que ele emita luz (por exemplo: lâmpadas fluorescentes, anúncios luminosos etc.).
- **Efeito magnético**: um condutor percorrido por corrente elétrica produz campo magnético na região próxima a ele (por exemplo, transformadores, motores, relés etc.).
- **Efeito químico**: uma solução eletrolítica, quando percorrida por uma corrente elétrica, sofre eletrólise (por exemplo, niquelação, cromagem etc.).

- **Efeito fisiológico**: ao percorrer o corpo de um ser humano, a corrente elétrica provoca contrações musculares, causando dor, formigamento, queimaduras, perda de consciência e parada cardíaca. Esse efeito é o que chamamos *choque elétrico* (já falamos sobre isso no exemplo da placa de "alta tensão").

Até o momento, estudamos cargas estacionárias. Contudo, existem fenômenos muito importantes em que a carga elétrica está em movimento, os quais chamamos de *corrente elétrica*.

Utilizamos diariamente a corrente elétrica. Dependemos dela para quase tudo: iluminar nossa residência, manter o refrigerador ligado, ligar a máquina de lavar roupas, enfim, são tantas aplicações da corrente elétrica que poderíamos fazer uma extensa lista.

Se considerarmos um condutor, ele apresentará uma grande quantidade de elétrons livres, que se movimentam de maneira desordenada no seu interior. Para conseguir um ordenamento nesse movimento, é necessário que exista entre esses dois pontos uma diferença de potencial (ddp). Esse condutor, por sua vez, exerce em cada elétron livre uma força capaz de movimentá-lo no sentido oposto ao do campo elétrico.

A Figura 9.2 ilustra o que acabamos de analisar.

Figura 9.2 – Movimento dos elétrons em um material condutor

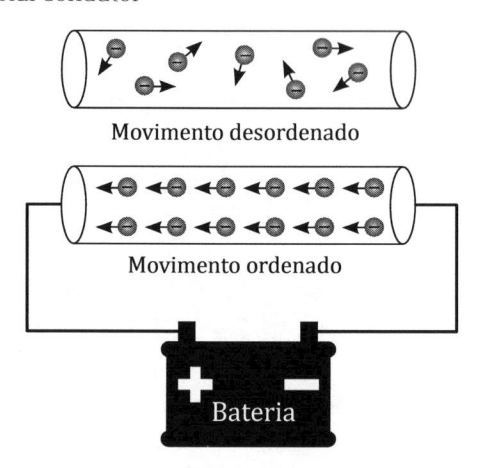

Movimento desordenado

Movimento ordenado

Bateria

Nos condutores sólidos, o sentido da corrente é o sentido do movimento dos elétrons em seu interior. É o que chamamos de *sentido real da corrente*.

Figura 9.3 – Sentidos da corrente elétrica

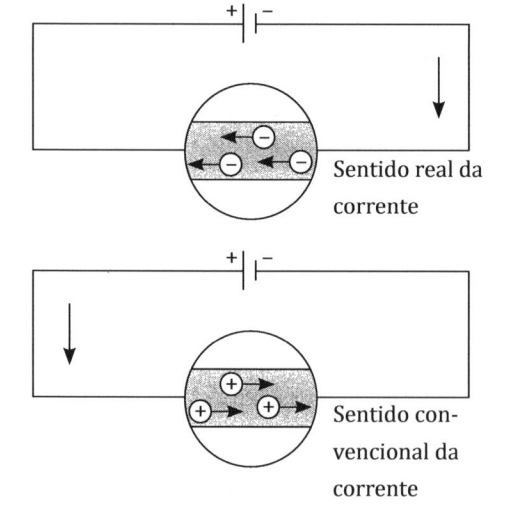

Sentido real da corrente

Sentido convencional da corrente

Fonte: Adaptado de NetFísica, 2013.

No entanto, no estudo da eletricidade, adota-se um sentido convencional da corrente, que é o do movimento das cargas positivas, o qual tem o mesmo sentido do campo elétrico no interior do condutor.

Para sabermos a intensidade da corrente, necessitamos da quantidade de carga que passa, por unidade tempo, em um condutor metálico, partindo de uma seção do condutor (fio).

A Figura 9.4 ilustra essa situação.

Figura 9.4 – Carga através de uma seção do fio condutor

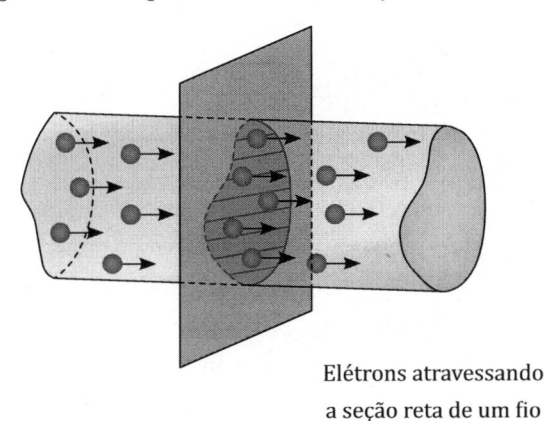

Elétrons atravessando a seção reta de um fio

Analisando a imagem, verificamos que, por meio da quantidade de carga que passa em um intervalo de tempo nessa seção do fio, podemos calcular a corrente elétrica. Matematicamente, temos:

$$i = \frac{\Delta Q}{\Delta t}$$

Em que:

- i = corrente elétrica, cuja unidade é o ampère (A);
- ΔQ = quantidade de carga, no SI, em Coulomb (C);
- Δt = intervalo de tempo, no SI, em segundos (s).

9.1 Circuitos elétricos

De maneira geral, para termos corrente elétrica, devemos ter também um circuito, a fim de que ela nos seja útil. Nesse sentido, um circuito elétrico nada mais é que um conjunto de caminhos que permitem (ou não) a passagem de corrente elétrica. Entre os circuitos mais importantes estão: **capacitores**, **resistores**, **geradores**, **receptores**, **dispositivos de manobra**, **dispositivos de segurança** e **dispositivos de controle**.

O que é resistência?

A resistência elétrica é uma grandeza caraterística de um dispositivo chamado *resistor*. Este é colocado em um circuito para se opor aos átomos que oferecem passagem à corrente elétrica. Matematicamente, a resistência elétrica é dada por:

$$R = \frac{U}{i}$$

Sua unidade no SI é o ohm (Ω).

Assim, 1 ohm é a resistência que um resistor, submetido a uma ddp de 1 V, impõe à passagem de uma corrente de 1 A. Seu símbolo pode ser —\/\/\/— ou —▭—.

Figura 9.5 – Resistor

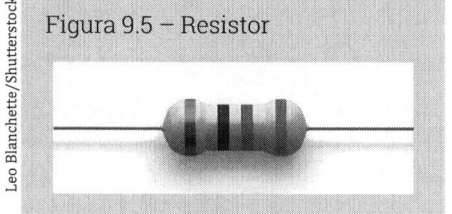

9.2 Leis de Ohm

Georg Simon Ohm (1787-1854) foi quem elaborou as duas leis mais importantes da eletrodinâmica. Em nosso cotidiano, utilizamos constantemente as leis de Ohm sem sequer percebermos.

Geralmente, todos os eletrodomésticos são ligados diretamente na tensão de 127 V ou 220 V. Esses equipamentos – que contêm especificações sobre a corrente elétrica –, após algum tempo de uso, apresentam, de modo geral, um certo aquecimento (efeito térmico-joule). Nesse sentido, se compreendermos bem as leis de Ohm, evitaremos muitos transtornos advindos de instalações elétricas malsucedidas.

9.2.1 Primeira lei de Ohm

Em um resistor mantido a uma temperatura constante, a intensidade da corrente elétrica é diretamente proporcional à ddp que a originou. Ou seja:

$$U = R \cdot i$$

Em que:

- U = tensão, no SI, em volt (V);
- R = resistor, no SI, em ohm (Ω);
- i = intensidade da corrente elétrica, no SI, em ampère (A).

Essa lei é válida para alguns resistores, denominados *resistores ôhmicos*. Para estes, a curva característica de seu gráfico é uma reta que passa pela origem.

Gráficos 3.1 – Resistor ôhmico e resistor não ôhmico

Resistor ôhmico

Resistor não ôhmico

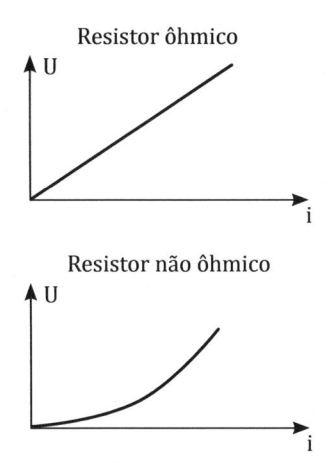

Os gráficos (U × i) apresentam dois casos específicos. No primeiro, como valor do resistor (R) é constante, o gráfico será uma reta – a inclinação da reta desse gráfico fornece o valor da resistência R do condutor. No segundo, se o condutor não obedecer à Lei de Ohm, o gráfico não será uma reta, sendo possível que apresente vários tipos de curvas (dependendo da natureza do condutor).

9.2.2 Segunda lei de Ohm

A resistência elétrica de um condutor homogêneo e de seção transversal constante é proporcional ao seu comprimento L, inversamente proporcional à sua área transversal A e depende da temperatura e do material de que é feito o condutor. Matematicamente, temos:

$$R = \frac{\rho \cdot L}{A}$$

Em que:

- R = resistência elétrica de um condutor, no SI, em ohm (Ω);
- ρ (resistividade elétrica) = característica do material e da temperatura, cuja unidade de medida é o ohm-metro ($\Omega \cdot m$);
- L = comprimento do material, no SI, em metro (m);
- A = área do condutor (material), no SI, em metros ao quadrado (m^2).

Por meio dessa fórmula, podemos concluir que, havendo vários condutores (materiais) de mesmo comprimento e mesma área, estes apresentarão menor ou maior resistividade. Lembre-se: um material será tão melhor condutor de eletricidade quanto menor for o valor da sua resistividade.

Exercícios

1) (UFGD-MS) A unidade "ohm" (Ω), no Sistema Internacional de Unidades, representa:
   a) Ampère por volt.
   b) Joule por metro.
   c) Volt por ampère.
   d) Ampère por metro.
   e) Volt por metro.

2) (Fuvest-SP) Na década de 1780, o médico italiano Luigi Galvani realizou algumas observações, utilizando rãs recentemente dissecadas. Em um dos experimentos, Galvani tocou dois pontos da musculatura de uma rã com dois arcos de metais diferentes, que estavam em contato entre si, observando uma contração dos músculos, conforme mostra a figura:

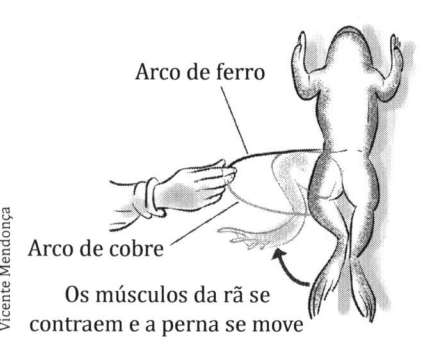

Arco de ferro
Arco de cobre
Os músculos da rã se contraem e a perna se move

Vicente Mendonça

Interpretando essa observação com os conhecimentos atuais, pode-se dizer que as pernas da rã continham soluções diluídas de sais. Pode-se, também, fazer uma analogia entre o fenômeno observado e o funcionamento de uma pilha. Considerando essas informações, foram feitas as seguintes afirmações:

I. Devido à diferença de potencial entre os dois metais, que estão em contato entre si e em contato com a solução salina da perna da rã, surge uma corrente elétrica.
II. Nos metais, a corrente elétrica consiste em um fluxo de elétrons.
III. Nos músculos da rã, há um fluxo de íons associado ao movimento de contração.

Está correto o que se afirma em:
a) I, apenas.
b) III, apenas.
c) I e II, apenas.
d) II e III, apenas.
e) I, II e III.

3) (Unicamp-SP) Atualmente há um número cada vez maior de equipamentos elétricos portáteis e isto tem levado a grandes esforços no desenvolvimento de baterias com maior capacidade de carga, menor volume, menor peso, maior quantidade de ciclos e menor tempo de recarga, entre outras qualidades. Outro exemplo de desenvolvimento, com vistas a recargas rápidas, é o protótipo de uma bateria de íon-lítio, com estrutura tridimensional. Considere

que uma bateria, inicialmente descarregada, é carregada com uma corrente média i_m = 3,2 A até atingir sua carga máxima de Q = 0,8 A · h. O tempo gasto para carregar a bateria é de:
a) 240 minutos.
b) 90 minutos.
c) 15 minutos.
d) 4 minutos.

4) (UEPG-PR) Considere um fio metálico no qual foi estabelecido um campo elétrico E, conectando suas extremidades aos polos de uma bateria. Os elétrons livres do fio metálico estarão sujeitos à ação da força elétrica devida ao campo e assim serão postos em movimento, dando origem a uma corrente elétrica através do fio condutor. Sobre este fenômeno, assinale o que for correto:
01) Ao longo do fio metálico a intensidade da corrente elétrica pode variar.
02) O sentido convencional da corrente elétrica através do fio é no sentido do ponto de maior potencial para o ponto de menor potencial.
04) Ao passar através do fio, parte da energia da corrente elétrica é dissipada em outras formas de energia.
08) O movimento dos elétrons livres através do fio será no sentido contrário ao do campo elétrico.
16) Se o sentido do campo elétrico estabelecido no fio metálico for invertido periodicamente, a corrente elétrica também sofrerá inversões periódicas.

5) (Fepecs-DF) Uma bateria completamente carregada pode liberar $2,16 \cdot 10^5$ C de carga. Uma lâmpada que necessita de 2,0 A para ficar acesa normalmente, ao ser ligada a essa bateria, funcionará por:
a) 32 h.
b) 30 h.
c) 28 h.
d) 26 h.
e) 24 h.

6) (UFOP-MG) Em uma tarde de tempestade, numa região desprovida de para-raios, a antena de uma casa recebe uma carga que faz fluir uma corrente de $1,2 \cdot 10^4$ A, em um intervalo de tempo de $25 \cdot 10^{-6}$ s. Qual a carga total transferida para a antena?
a) 0,15 C.
b) 0,2 C.
c) 0,48 C.
d) 0,3 C.

7) (UPE) Uma corrente de 0,3 A que atravessa o peito pode produzir fibrilação (contrações excessivamente rápidas das fibrilas musculares) no coração de um ser humano, perturbando o ritmo dos

batimentos cardíacos com efeitos possivelmente fatais.

Considerando que a corrente dure 2,0 min., o número de elétrons que atravessam o peito do ser humano vale:

Dado: carga do elétron = $1,6 \cdot 10^{-19}$ C.

a) $5,35 \cdot 10^2$.
b) $1,62 \cdot 10^{-19}$.
c) $4,12 \cdot 10^{18}$.
d) $2,45 \cdot 10^{18}$.
e) $2,25 \cdot 10^{20}$.

8) (Unifesp) Num livro de eletricidade você encontra três informações: a primeira afirma que isolantes são corpos que não permitem a passagem da corrente elétrica; a segunda afirma que o ar é isolante e a terceira afirma que, em média, um raio se constitui de uma descarga elétrica correspondente a uma corrente de 10 000 ampères que atravessa o ar e desloca, da nuvem à Terra, cerca de 20 coulombs. Pode-se concluir que essas três informações são:

a) coerentes, e que o intervalo de tempo médio de uma descarga elétrica é de 0,002 s.
b) coerentes, e que o intervalo de tempo médio de uma descarga elétrica é de 2,0 s.
c) conflitantes, e que o intervalo de tempo médio de uma descarga elétrica é de 0,002 s.
d) conflitantes, e que o intervalo de tempo médio de uma descarga elétrica é de 2,0 s.
e) conflitantes, e que não é possível avaliar o intervalo de tempo médio de uma descarga elétrica.

9) (UFMG) Uma lâmpada fluorescente contém em seu interior um gás que se ioniza após a aplicação de alta tensão entre seus terminais. Após a ionização, uma corrente elétrica é estabelecida e os íons negativos deslocam-se com uma taxa de $1,0 \cdot 10^{18}$ íons/segundo para o polo A. Os íons positivos se deslocam, com a mesma taxa, para o polo B.

Sabendo-se que a carga de cada íon positivo é de $1,6 \cdot 10^{-19}$ C, pode-se dizer que a corrente elétrica na lâmpada será:

a) 0,16 A.
b) 0,32 A.
c) $1,0 \cdot 10^{18}$ A.
d) nula.
e) $2,0 \cdot 10^{19}$ A.

10) (UFSM-RS) Uma das aplicações dos raios X é na observação dos ossos do corpo humano. Os raios X são obtidos quando elétrons emitidos por um filamento aquecido são acelerados por um campo elétrico e atingem um alvo metálico com velocidade muito grande. Se $1,0 \cdot 10^{18}$ elétrons ($e = 1,6 \cdot 10^{-19}$ C) atingem o alvo por segundo, a corrente elétrica no tubo, em A, é de:
a) $8 \cdot 10^{-38}$.
b) 0,08.
c) 0,16.
d) 0,32.
e) 3,20.

capítulo dez

Potência elétrica e associação de capacitores e resistores

Atualmente, uma das maiores preocupações é economizar. E a fatura de energia elétrica (conta de luz) é uma das grandes vilãs no orçamento da grande maioria da população brasileira. Substituir os modelos das lâmpadas por outras mais econômicas e trocar os eletrodomésticos por aqueles que consomem menos energia são ações que ajudam a economizar. Mas como compará-los?

Uma das variáveis mais importantes para isso é a **potência elétrica**, que mede a energia que está sendo transformada (consumida) no decorrer do tempo, ou seja, o trabalho que está sendo realizado. Matematicamente, temos:

$$P = \frac{\Delta E}{\Delta t} = \frac{\tau}{\Delta t}$$

Em que:

- P = potência elétrica, no SI, em watt (W);
- τ = trabalho realizado pelo campo elétrico sobre uma carga, no SI, em joule (J);
- Δt = intervalo de tempo, no SI, em segundos (s).

10.1 Potência em dispositivos elétricos

Ao contrário do que comumente se pensa, a função básica de uma máquina, elétrica ou não, é transformar energia. Para isso, são necessárias cargas em movimento (corrente elétrica) que gerem uma diferença de potencial (ddp), para que haja realização de trabalho. Sendo assim, temos:

$$\tau = q \cdot U$$

Substituindo na equação, temos que:

$$P = \frac{q \cdot U}{\Delta t}$$

Lembrando que:

$$i = \frac{q}{\Delta t}$$

Assim, se substituirmos novamente, obteremos uma das relações mais conhecidas envolvendo a potência, qual seja:

$$P = i \cdot U$$

Em que:

- P = potência, dada em watt (W);
- i = corrente elétrica, dada em ampère (A);
- U = tensão, dada em volt (V).

Se formos considerar a tensão de nossas casas, ela será 127 V ou 220 V. Essa última equação é utilizada para o cálculo da potência elétrica, que pode (e deve) ser aplicado aos diversos aparelhos elétricos ou eletrônicos quando de sua compra. Assim, é possível verificar qual consome menos energia.

É importante que você procure utilizar equipamentos eficientes, ou seja, que realizem adequadamente um determinado trabalho consumindo menos energia se comparados a outros equipamentos semelhantes. Esses equipamentos contêm o Selo Procel, apresentado na Figura 10.1.

Figura 10.1 – Selo Procel de Economia de Energia

Além de procurarmos conhecer quais são os equipamentos mais eficientes, é muito importante lermos o manual dos equipamentos até mesmo antes de comprá-los, para saber qual é a amperagem (fazer instalação elétrica correta), a tensão (127 V ou 220 V) e o próprio consumo em kWh (quilowatt-hora).

10.2 Associação dos dispositivos elétricos

Imagine que você necessita de um **resistor** (na placa mãe, ele aparece com a letra **R** e um número) e de um **capacitor** (na placa mãe, ele aparece com a letra **C** e um número) para seu computador, cuja resistência e capacitância específica não estejam disponíveis no mercado eletrônico (a Figura 10.2 ilustra os itens citados).

Figura 10.2 – Placa mãe de um computador

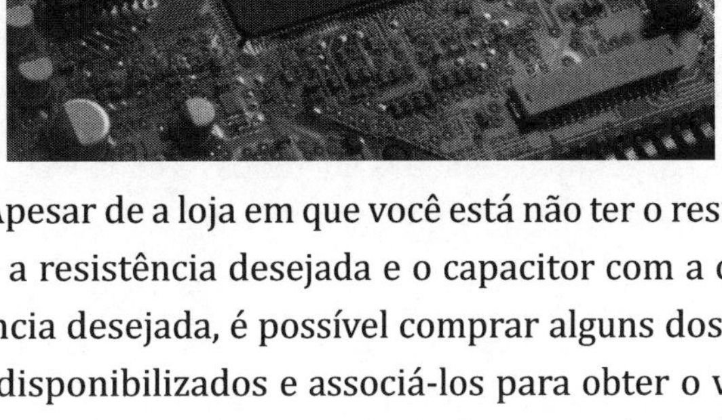

Apesar de a loja em que você está não ter o resistor com a resistência desejada e o capacitor com a capacitância desejada, é possível comprar alguns dos que são disponibilizados e associá-los para obter o valor da resistência ou da capacitância de que você necessita.

Esse processo é chamado de *associação dos resistores* e *associação dos capacitores*.

Vamos iniciar com a associação dos capacitores e, em seguida, analisaremos a associação dos resistores. Ao término da leitura sobre as duas associações (capacitores e resistores), você perceberá que elas são contrárias.

10.2.1 Associação de capacitores

Para determinados circuitos eletrônicos, necessitamos de certos valores. Talvez no mercado não exista o valor específico para o circuito e, por isso, devemos associá-los a fim de obtermos o valor desejado. É possível associar em série, em paralelo ou de modo misto. O modelo que utilizaremos é de 100 μF (100 · 10⁻⁶ F) e 16 V.

Figura 10.3 – Capacitores

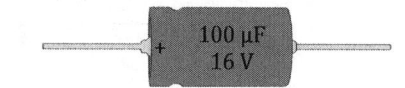

Na **associação de capacitores em série**:

- a armadura negativa de um capacitor está ligada à armadura positiva do outro;
- as cargas armazenadas em todos os capacitores são iguais ($Q = Q_1 = Q_2 = ...$);
- a diferença de potencial (ddp) nos capacitores é somada ($U = U_1 + U_2 + ...$);
- pode ser substituída por um único capacitor, partindo da seguinte expressão:

$$\frac{1}{C_{eq}} = \frac{1}{C_1} + \frac{1}{C_2} + \frac{1}{C_3} \ldots$$

Na Figura 10.4, apresentamos dois capacitores associados em série.

Figura 10.4 – Associação em série

Vamos a um exemplo. A Figura 10.5 mostra a associação de dois capacitores em série.

Figura 10.5 – Cálculo da capacitância total (associação em série)

Quando os capacitores estão associados em série, devemos utilizar a fórmula anterior, substituindo C_1 e C_2 pelos valores fornecidos dos capacitores. Nesse caso, temos apenas dois capacitores, mas a fórmula serve para vários deles. Observe:

$$\frac{1}{C_{eq}} = \frac{1}{100\mu} + \frac{1}{100\mu}$$

$$\frac{1}{C_{eq}} = \frac{2}{100\mu}$$

$$C_{eq} = 50\ \mu F$$

Conforme comentamos anteriormente, a tensão total nos capacitores quando estão associados em série é somada: U_{total} = 16 V + 16 V = 32 V.

Na **associação de capacitores em paralelo**:

- as armaduras positivas estão ligadas a um ponto de mesmo potencial, assim como todas as negativas estão ligadas a um outro ponto potencial comum;
- as cargas armazenadas em todos os capacitores somam ($Q = Q_1 + Q_2 + ...$);
- a ddp em todos os capacitores é a mesma ($U = U_1 = U_2 = ...$);
- pode ser substituída por um único capacitor partindo da seguinte expressão:

$$C_{eq} = C_1 + C_2 + C_3 ...$$

Agora, observe, na Figura 10.6, os mesmos capacitores sendo associados em paralelo.

Figura 10.6 – Associação em paralelo

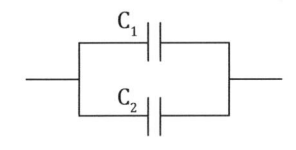

Veja o exemplo de associação de dois capacitores em paralelo na Figura 10.7.

Figura 10.7 – Cálculo da capacitância total (associação em paralelo)

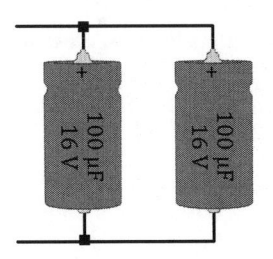

Com os capacitores associados em paralelo, devemos utilizar a fórmula anterior, substituindo C_1 e C_2 pelos valores fornecidos nos capacitores. Também nesse caso, a fórmula serve para vários capacitores. Veja:

$$C_{eq} = 100\ \mu + 100\ \mu = 200\ \mu F$$

Conforme a definição para associação em paralelo, a tensão total nos capacitores é a mesma, ou seja, 16 V.

Já na **associação de capacitores mista**, que é aquela na qual encontramos, ao mesmo tempo, capacitores em série e em paralelo:

- o cálculo do capacitor equivalente é feito mediante o cálculo dos capacitores equivalentes de cada uma das associações, a respeito dos quais se tem certeza de que estão em série ou em paralelo.

Figura 10.8 – Associação de capacitores mista

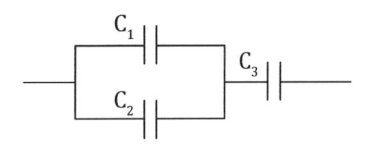

10.2.2 Associação de resistores

Como já vimos, resistores são colocados em circuitos para oferecem resistência à passagem da corrente elétrica. Assim como ocorre com os capacitores, é possível associar mais de um resistor. Nesse caso, também há três tipos de associação.

Na **associação de resistores em série**:

- os resistores oferecem um único caminho para a corrente elétrica percorrer;

Figura 10.9 – Associação em série (lâmpadas)

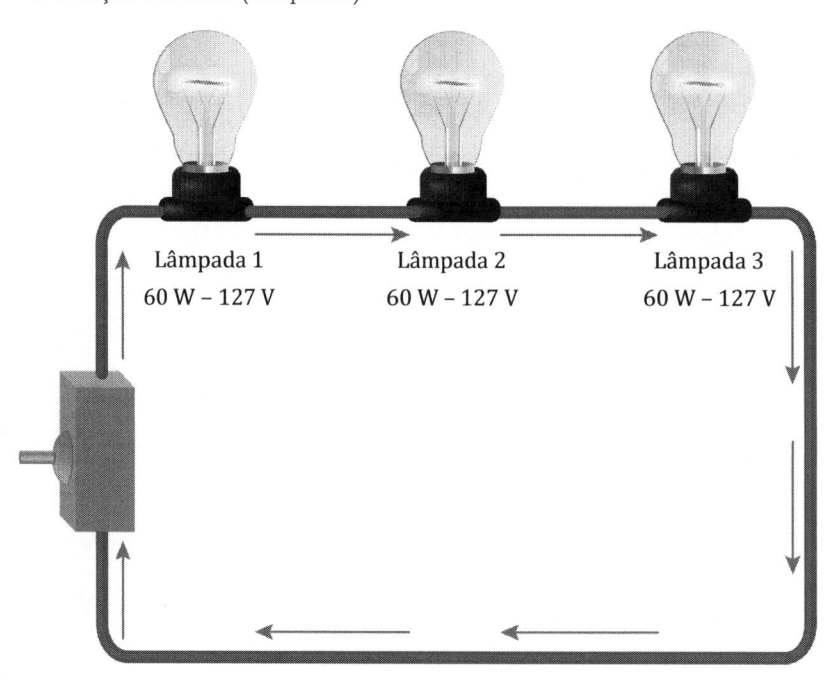

- a intensidade da corrente i é a mesma em todos os resistores ($i_{total} = i_1 = i_2 = i_3 = ...$);
- a tensão na associação é igual a soma das tensões ($U_{total} = U_1 + U_2 + U_3 + ...$);
- a resistência equivalente é a somatória de todos os resistores presentes no circuito ($R_{eq} = R_1 + R_2 + R_3 ...$).

Vamos utilizar como exemplo a Figura 10.9, que apresenta três lâmpadas. Ao ligarmos essas lâmpadas, perceberemos que a luminosidade delas será muito baixa, não atingirá sua potência total (60 W) e seu brilho será fraco. Mas por quê? Isso acontece porque, quanto maior a corrente elétrica (i), maior será a potência (P). O contrário também acontece, ou seja, diminuindo a corrente elétrica, diminuirá também a potência.

A tensão total (U) que está ligada é 127 V, logo, esta não muda ($\uparrow P = U \cdot \uparrow i$). Elas estão associadas em série, então vamos calcular a resistências delas.

Na fórmula $P = U \cdot i$, quanto maior for a corrente elétrica ($\uparrow i$), maior será a potência ($\uparrow P$).

Unindo essas duas fórmulas, teremos:

$$P = i \cdot U \text{ e } U = R \cdot i$$

Ou seja:

$$P = \frac{U^2}{R}$$

Logo:

$$60 = \frac{127^2}{R}$$
$$R \cong 270 \; \Omega$$

Sendo assim, cada lâmpada terá uma resistência de aproximadamente 270 Ω (aqui, vamos arredondar os valores para facilitar nossas contas).

Sendo três lâmpadas:

$$270 + 270 + 270 = 810 \; \Omega$$

E quanto maior a resistência, menor é a corrente elétrica:

$$\frac{U}{\uparrow R} = i \downarrow$$

Quanto menor a corrente elétrica, menor é a potência e o brilho.

$$\downarrow P = U \cdot \downarrow i$$

Então, qual seria a corrente elétrica dessas lâmpadas? A resposta é:

$$U = R \cdot i \rightarrow 127 = 810 \cdot i \rightarrow i \cong 0{,}16 \; A$$

A corrente elétrica é igual para todas as lâmpadas ($i_{total} = i_1 = i_2 = i_3 = ...$), mas a tensão, não.

Segundo a associação dos resistores, a tensão total (U_{total}) é a somatória das tensões de cada lâmpada ($U_1 + U_2 + U_3$). Logo, vamos calcular o valor da tensão (U) em cada lâmpada. Como as três têm a mesma especificação, calcularemos apenas uma delas:

$$U_1 = R_1 \cdot i$$
$$U_1 = 270 \cdot 0{,}16$$
$$U_1 = 43{,}2 \; V$$

Cada lâmpada terá uma tensão de 43,2 V, e não 127 V, como acusa a especificação. Consequentemente, não terá a mesma potência (60 W). Ou seja:

$$P = U \cdot i$$
$$P = 43,2 \cdot 0,16$$
$$P = 6,91 \text{ W}$$

Gostou?

No entanto, se você perceber algum brilho de lâmpada bem abaixo do esperado, talvez a ligação da fiação esteja errada.

Observação

Quando a lâmpada está apagada (filamento frio), o valor da resistência é menor do que quando está acesa (filamento quente).

Já na **associação de resistores em paralelo**:

- os resistores têm os terminais ligados à mesma ddp, de modo a oferecer caminhos separados para a corrente;

Figura 10.10 – Associação em paralelo (lâmpadas)

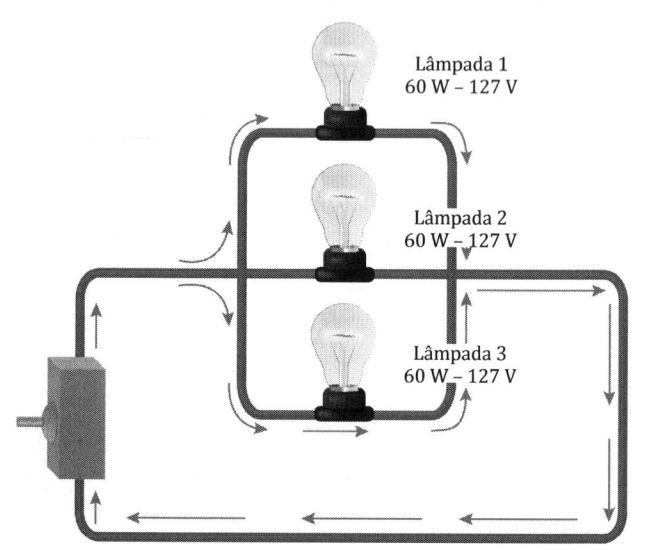

- Lâmpada 1 — 60 W – 127 V
- Lâmpada 2 — 60 W – 127 V
- Lâmpada 3 — 60 W – 127 V

- a tensão é a mesma em todos os resistores ($U_{total} = U_1 = U_2 = U_3 = ...$);
- a intensidade da corrente é igual à soma das correntes em cada resistor ($i_{total} = i_1 + i_2 + i_3 + ...$);
- a resistência equivalente é a somatória (inversa) de todos os resistores presentes no circuito:

$$\frac{1}{R_{eq}} = \frac{1}{R_1} + \frac{1}{R_2} + \frac{1}{R_3} ...$$

Na **associação de resistores mista**, não encontramos, ao mesmo tempo, resistores associados em série e em paralelo. A determinação da resistência equivalente tem origem na substituição de cada uma das associações, em série ou paralelo, que compõem o circuito pela sua respectiva resistência equivalente.

Figura 10.11 – Associação mista

Um bom exemplo de aplicação da associação mista de resistores são as lâmpadas (que funcionam como resistores). Imagine que você vai fazer a iluminação de um evento. Para isso, vai utilizar um cordão com 100 lâmpadas. Se todas estiverem ligadas em série, a última lâmpada nunca teria a tensão que precisa para acender com brilho total, pois as tensões se somam. Logo, a solução seria fazer ligações em paralelo, pois assim a tensão será a mesma em todas as lâmpadas.

Antes de dar continuidade aos estudos, faça uma pesquisa e verifique porque muitos manuais apresentam a imagem retratada na Figura 10.12 (o exemplo é o do manual de um micro-ondas).

Figura 10.12 – Dispositivos de segurança

Lembre-se de que sua segurança deve estar sempre em primeiro lugar.

Exercícios

1) (UFGD-MS) Na figura a seguir, os capacitores C_1, C_2 e C_3 apresentam, respectivamente, os valores de 10 µF, 10 µF e 4 µF. Qual deve ser o valor do capacitor equivalente que substitui o circuito dessa figura?

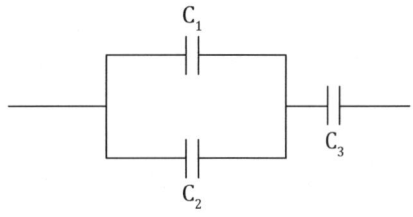

   a) 2,20 µF.
   b) 3,33 µF.
   c) 2,45 µF.
   d) 2,44 µF.
   e) 0,41 µF.

2) (Uniube-MG) No circuito de capacitores, esquematizado a seguir, temos uma fonte ideal E = 100 V, e capacitâncias C_1 = 2,0 µF e C_2 = 3,0 µF. Após carregados os capacitores C_1 e C_2, suas cargas serão, respectivamente, em µC:

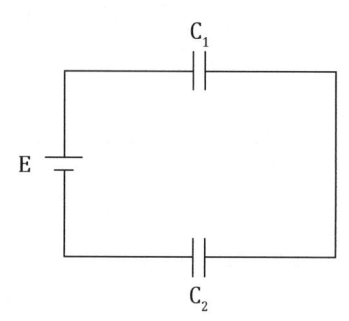

a) 200 e 300.
b) 48 e 72.
c) 120 e 120.
d) 60 e 60.
e) 80 e 90.

3) (Enem) Um eletricista projeta um circuito com três lâmpadas incandescentes idênticas, conectadas conforme a figura. Deseja-se que uma delas fique sempre acesa, por isso é ligada diretamente aos polos da bateria, entre os quais se mantém uma tensão constante. As outras duas lâmpadas são conectadas em um fio separado, que contém a chave. Com a chave aberta (desligada), a bateria fornece uma potência X.

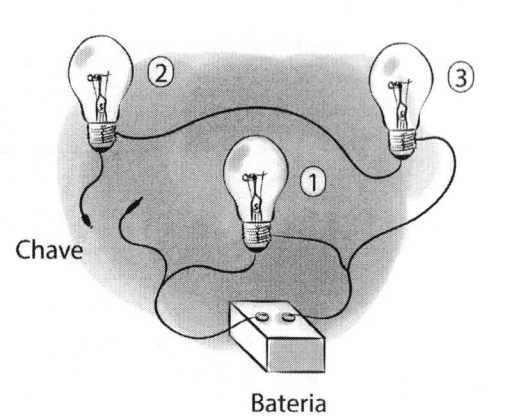

Assumindo que as lâmpadas obedecem à Lei de Ohm, com a chave fechada, a potência fornecida pela bateria, em função de X é:

a) 2/3 X.
b) X.
c) 3/2 X.
d) 2 X.
e) 3 X.

4) (Enem) Todo carro possui uma caixa de fusíveis, que são utilizados para proteção dos circuitos elétricos. Os fusíveis são constituídos de um material de baixo ponto de fusão, como o estanho, por exemplo, e se fundem quando percorridos por uma corrente elétrica igual ou maior do que aquela que são capazes de

suportar. O quadro a seguir mostra uma série de fusíveis e os valores de corrente por eles suportados.

Fusível	Corrente Elétrica (A)
Azul	1,5
Amarelo	2,5
Laranja	5,0
Preto	7,5
Vermelho	10,0

Um farol usa uma lâmpada de gás halogênio de 55 W de potência que opera com 36 V. Os dois faróis são ligados separadamente, com um fusível para cada um, mas, após um mau funcionamento, o motorista passou a conectá-los em paralelo, usando apenas um fusível. Dessa forma, admitindo-se que a fiação suporte a carga dos dois faróis, o menor valor de fusível adequado para proteção desse novo circuito é o:

a) azul.
b) preto.
c) laranja.
d) amarelo.
e) vermelho.

5) (Fatec-SP) O funcionamento de um chuveiro elétrico depende de um resistor elétrico interno, cuja função é transferir calor para a água que passa por dentro do chuveiro.

O resistor elétrico sofre aquecimento após a passagem de uma corrente elétrica i, devido a uma diferença de potencial U. A potência elétrica P do chuveiro está relacionada com a energia dissipada pelo resistor por efeito joule durante certo intervalo de tempo. Portanto, quanto maior a potência elétrica dissipada, maior o aquecimento da água e maior o consumo de energia elétrica do chuveiro.

Sabendo-se que potência e corrente elétricas são grandezas físicas diretamente proporcionais, podemos afirmar que a intensidade da corrente elétrica nominal que passa por um resistor elétrico de um chuveiro cujos valores nominais são 5400 W e 220 V é, em ampère, aproximadamente:

a) $4,00 \cdot 10^{-2}$.
b) $2,45 \cdot 10^{1}$.
c) $5,18 \cdot 10^{3}$.
d) $5,62 \cdot 10^{3}$.
e) $1,19 \cdot 10^{6}$.

6) (Enem) A instalação elétrica de uma casa envolve várias etapas, desde a alocação dos dispositivos, instrumentos e aparelhos elétricos, até a escolha dos materiais que a compõem, passando pelo

dimensionamento da potência requerida, da fiação necessária, dos eletrodutos*, entre outras. Para cada aparelho elétrico existe um valor de potência associado. Valores típicos de potências para alguns aparelhos elétricos são apresentados no quadro seguinte:

Aparelhos	Potência (W)
Aparelho de som	120
Chuveiro elétrico	3 000
Ferro elétrico	500
Televisor	200
Geladeira	200
Rádio	50

*Eletrodutos são condutos por onde passa a fiação de uma instalação elétrica, com a finalidade de protegê-la.

A escolha das lâmpadas é essencial para obtenção de uma boa iluminação. A potência da lâmpada deverá estar de acordo com o tamanho do cômodo a ser iluminado. O quadro a seguir mostra a relação entre as áreas dos cômodos (em m²) e as potências das lâmpadas (em W), e foi utilizado como referência para o primeiro pavimento de uma residência:

Área do Cômodo (m²)	Potência da Lâmpada (W)		
	Sala/Copa/Cozinha	Quarto, varanda e corredor	Banheiro
Até 6,0	60	60	60
6,0 a 7,5	100	100	60
7,5 a 10,5	100	100	100

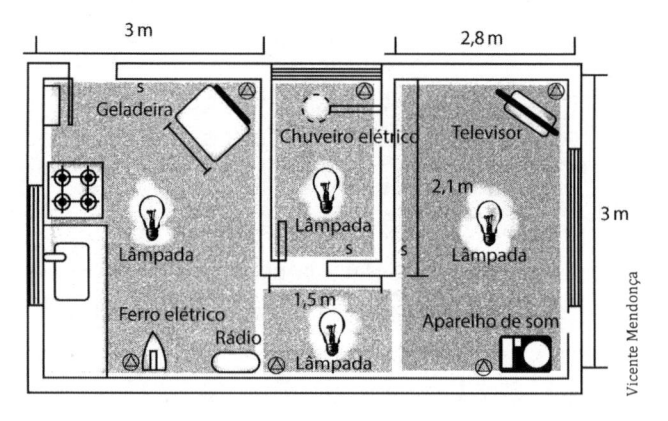

Obs.: Para efeitos dos cálculos das áreas, as paredes são desconsideradas.

Considerando a planta baixa fornecida, com todos os aparelhos em funcionamento, a potência total, em watts, será de:

a) 4 070.
b) 4 270.
c) 4 320.
d) 4 390.
e) 4 470.

7) (Enem) Observe a tabela seguinte. Ela traz especificações técnicas constantes no manual de instruções fornecido pelo fabricante de uma torneira elétrica.

Especificações Técnicas					
Modelo		Torneira			
Tensão Nominal (volts)		127		220	
Potência Nominal (Watts)	(Frio)	Desligado			
	(Morno)	2 800	3 200	2 800	3 200
	(Quente)	4 500	5 500	4 500	5 500
Corrente Nominal (Ampères)		35,4	43,3	20,4	25,0
Fiação Mínima (Até 30 m)		6 mm²	10 mm²	4 mm²	4 mm²
Fiação Mínima (Acima 30 m)		10 mm²	16 mm²	6 mm²	6 mm²
Disjuntor (Ampères)		40	50	25	30

Disponível em: http://www.cardeal.com.br.manualprod/Manuais/Torneira%20 Suprema/"Manual...Torneira...Suprema...roo.pdf.

Considerando que o modelo de maior potência da versão 220 V da torneira suprema foi inadvertidamente conectada a uma rede com tensão nominal de 127 V, e que o aparelho está configurado para trabalhar em sua máxima potência. Qual o valor aproximado da potência ao ligar a torneira?
 a) 1 830 W.
 b) 2 800 W.
 c) 3 200 W.
 d) 4 030 W.
 e) 5 500 W.

8) (Fatec-SP) No anúncio promocional de um ferro de passar roupas a vapor, é explicado que, em funcionamento, o aparelho borrifa constantemente 20 g de vapor de água a cada minuto, o que torna mais fácil o ato de passar roupas. Além dessa explicação, o anúncio informa que a potência do aparelho é 1 440 W e que sua tensão de funcionamento é de 110 V. Jorge comprou um desses ferros e, para utilizá-lo, precisa comprar também uma extensão de fio que conecte o aparelho a uma única tomada de 110 V disponível no cômodo em que passa roupas. As cinco extensões que encontra à venda suportam as intensidades de correntes máximas de 5 A, 10 A, 15 A, 20 A e 25 A, e seus preços aumentam proporcionalmente às respectivas intensidades. Sendo assim, a opção que permite o funcionamento adequado de seu ferro de passar em potência máxima, sem

danificar a extensão de fio e que seja a de menor custo para Jorge, será a que suporta o máximo de:
a) 5 A.
b) 10 A.
c) 15 A.
d) 20 A.
e) 25 A.

9) (Enem) Um estudante, precisando instalar um computador, um monitor e uma lâmpada em seu quarto, verificou que precisaria fazer a instalação de duas tomadas e um interruptor na rede elétrica. Decidiu esboçar com antecedência o esquema elétrico. "O circuito deve ser tal que as tomadas e a lâmpada devem estar submetidas à tensão nominal da rede elétrica e a lâmpada deve poder ser ligada ou desligada por um interruptor sem afetar os outros dispositivos" – pensou.

Símbolos adotados:

Lâmpada: ⊗   Tomada: ⊖   Interruptor: ⟋

Qual dos circuitos esboçados atende às exigências?

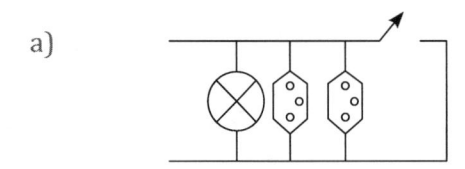

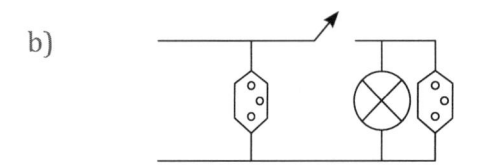

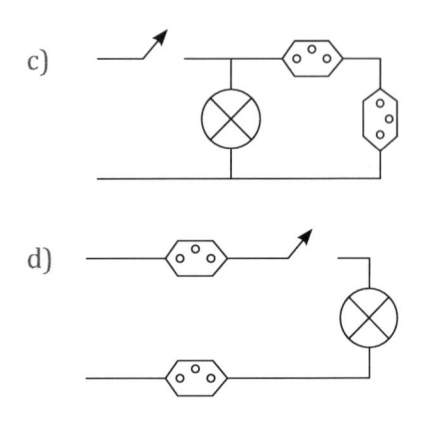

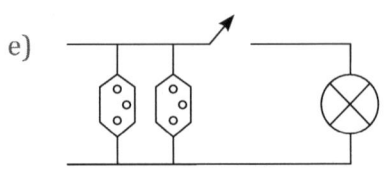

a)
b)
c)
d)
e)

10) (ITA-SP) A figura representa o esquema simplificado de um circuito elétrico em uma instalação residencial. Um gerador bifásico produz uma diferença de potencial (d.d.p) de 220 V entre as fases (+110 V e –110 V) e uma ddp de 110 V entre o neutro e cada uma das fases. No circuito estão ligados dois fusíveis e três aparelhos elétricos, com as respectivas potências nominais indicadas na figura.

Fusível   Fase +110 V

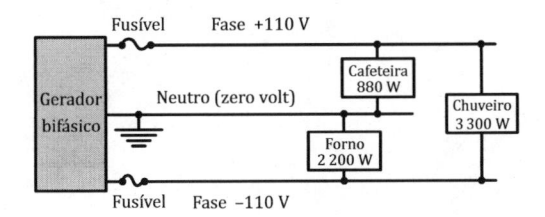

Gerador bifásico — Neutro (zero volt) — Cafeteira 880 W — Forno 2 200 W — Chuveiro 3 300 W

Fusível   Fase −110 V

Admitindo que os aparelhos funcionem simultaneamente durante duas horas, calcule a quantidade de energia elétrica consumida em quilowatt-hora (kWh) e, também, a capacidade mínima dos fusíveis, em ampére:

a) 12,76 kWh; 23 A; 35 A.
b) 638 kWh; 10 A; 5 A.
c) 12 kWh; 13 A; 20 A.
d) 14 kWh; 3 A; 5 A.
e) 28,30 kWh; 2 A; 10 A.

Eletromagnetismo: ímãs, interação magnética e campo magnético

Ao desmontar um alto-falante ou um microfone, você verificará que há ímãs neles. Esse exemplo serve para nos mostrar que materiais magnéticos apresentam inúmeras aplicações práticas e que fazem parte de diversos itens, como um motor de carro (motor de arranque), que tem eletroímãs, aparelhos de ressonância magnética e até mesmo registros magnéticos do microcomputador (discos rígidos).

11.1 Magnetismo

As primeiras observações de fenômenos magnéticos são bem antigas. Supostamente, foram os gregos os primeiros a fazer essas observações na cidade de Magnésia (região da Ásia). Por meio delas, eles perceberam que certos corpos tinham a propriedade de atrair o ferro, para os quais deram o nome de *ímã*. Na natureza, o ímã natural é chamado de *magnetita*.

11.2 Ímãs

Os ímãs são muito mais do que aqueles itens que "grudamos" na porta do refrigerador.

Há dois tipos de ímãs: o **natural** e o **artificial**. O ímã considerado natural (que é encontrado na natureza) é a magnetita, mas é possível tornar ímãs os corpos que normalmente não o são. Esses ímãs não naturais são chamados *ímãs artificiais* ou *corpos imantados*.

Figura 11.1 – Magnetita

Vitaly Raduntsev/Shutterstock

Em tese, qualquer corpo pode ser imantado, mas alguns, como o ferro e suas ligas, oferecem grande facilidade para isso. Os principais processos de imantação são:

- **Por indução magnética**: quando uma barra de ferro se imanta por ficar próxima de um ímã.
- **Por atrito**: quando uma barra de ferro neutra é atritada com um ímã, ela se imanta – para que isso aconteça, é preciso que eles sejam atritados no mesmo sentido.
- **Por corrente elétrica**: quando um condutor, enrolado em uma barra de ferro, é percorrido por uma corrente elétrica, a barra se torna um ímã. Como a imantação foi obtida por meio de uma corrente elétrica, esse ímã é chamado *eletroímã*.

Figura 11.2 – Eletroímã

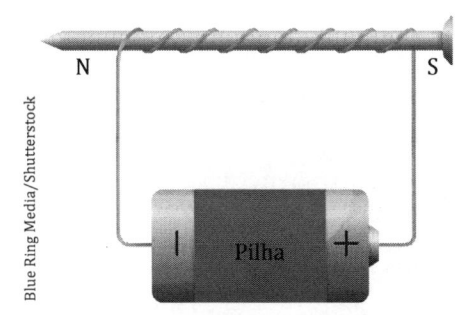

Quando um núcleo de ferro (prego) é envolvido por um solenoide (bobina), a corrente elétrica que passa pela bobina estabelece no seu interior um campo magnético, que faz com que os ímãs elementares do prego se orientem, ficando imantados.

11.2.1 Ímã permanente ou temporário?

A constituição química do ímã determina a sua temporariedade. Os que perduram por tempo (anos) são os ímãs permanentes (naturais); aqueles que pedem logo a imantação são os temporários (eletroímãs).

11.2.2 Regiões polares

Os ímãs apresentam propriedades magnéticas apenas em certas regiões (regiões polares). Em um ímã em forma de barra, as regiões polares são as extremidades da barra.

O planeta Terra também se comporta como um imenso ímã. As linhas de indução (saindo do polo norte magnético e entrando no polo sul magnético) representam, geometricamente, o campo magnético.

Figura 11.3 – Campo magnético terrestre

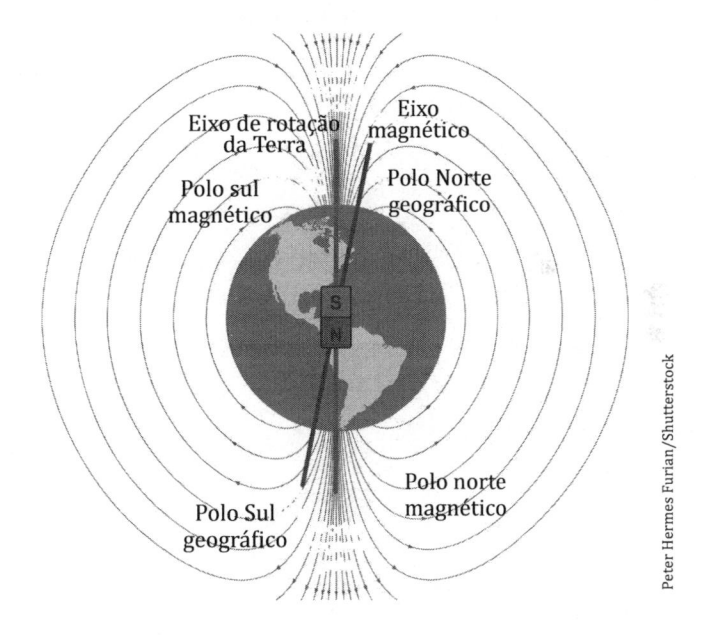

Como o polo norte do ímã da bússola se volta para o norte geográfico, conclui-se que este é o polo sul magnético e, o próximo ao sul geográfico, é o norte magnético da Terra.

11.2.3 Atração e repulsão

Os ímãs têm duas características semelhantes às da carga elétrica: a atração e a repulsão. Quando aproximamos as regiões polares de todas as maneiras possíveis, podemos concluir que duas regiões polares de mesmo nome se repelem e duas de nomes contrários se atraem.

> Sabendo desses conceitos, você conseguiria deduzir como funciona uma bússola?

11.2.4 Inseparabilidade dos polos

Outra característica importante sobre os ímãs é que não importa quantas vezes o cortamos, os pedaços sempre mantêm as mesmas propriedades e os dois polos (norte e sul).

Figura 11.4 – Inseparabilidade dos polos

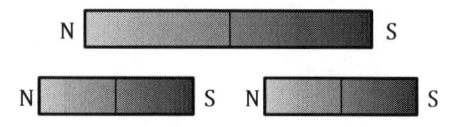

| N | S |
| N | S | N | S |

À medida que cortamos um ímã, novos ímãs aparecerão com polos norte e sul, com as mesmas características do ímã original, mas com dimensões e poder reduzidos. É impossível obter um polo magnético isolado (sempre existem aos pares, ou seja, dipolos).

11.2.5 Poderes magnéticos?

Quando temos cargas elétricas, cada carga estabelece um campo elétrico em torno de si. Com o ímã é a mesma coisa, só que ele estabelece um campo magnético.

O campo magnético é representado pela letra $\vec{B}$. Para determinar o sentido de $\vec{B}$, utilizamos uma **bússola**, que somente após os estudos do magnetismo pôde ser utilizada para a navegação, com grande importância até os dias de hoje.

11.2.6 Linhas de campo

Verificamos três propriedades relativas às linhas de campo:

1. Duas linhas de um campo magnético nunca se cruzam.
2. Como na natureza não existe uma massa magnética isolada, somente aos pares, formando os ímãs, concluímos que as linhas dos campos magnéticos dos ímãs são curvas.
3. Convencionamos que o sentido da linha de campo é o sentido de deslocamento de uma "massa magnética" colocada sobre a linha. Com essa convenção, concluímos que as linhas "saem" do polo norte magnético e "entram" no polo sul magnético.

Veja, nas imagens a seguir, o campo magnético e o sentido da linha de campo.

Figura 11.5 – Linhas de campo

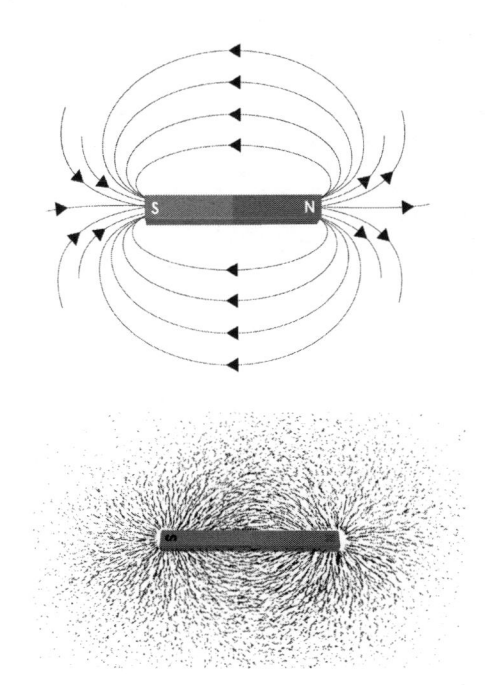

No campo magnético, sua unidade de intensidade é denominada *tesla* (T), em homenagem ao inventor **Nikola Tesla** (1856-1943).

Exercícios

1) (UFSM-RS) Considere as afirmações a seguir, a respeito de ímãs.

   I. Convencionou-se que o polo norte de um ímã é aquela extremidade que, quando o ímã pode girar livremente, aponta para o norte geográfico da Terra.

   II. Polos magnéticos de mesmo nome se repelem e polos magnéticos de nomes contrários se atraem.

   III. Quando se quebra, ao meio, um ímã em forma de barra, obtêm-se dois novos ímãs, cada um com apenas um polo magnético.

   Está(ão) correta(s)
   a) apenas I.
   b) apenas II.
   c) apenas III.
   d) apenas I e II.
   e) apenas II e III.

Podemos gerar um campo magnético uniforme com o ímã mostrado na Figura 11.6.

Figura 11.6 – Campo magnético de um ímã

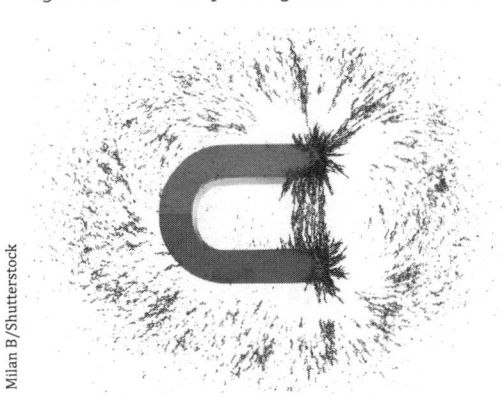

2) (Fuvest-SP) Em uma aula de laboratório, os estudantes foram divididos em dois grupos. O grupo A fez experimentos com o objetivo de desenhar linhas de campo elétrico e magnético. Os desenhos feitos estão apresentados nas figuras I, II, III e IV abaixo.

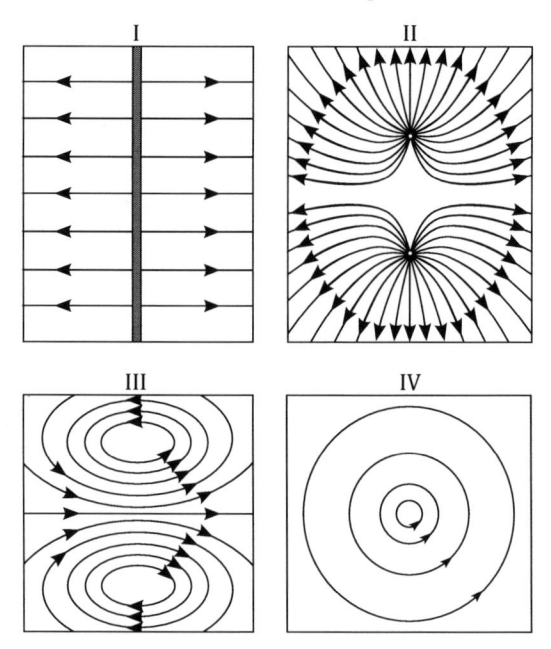

Aos alunos do grupo B, coube analisar os desenhos produzidos pelo grupo A e formular hipóteses. Dentre elas, a única correta é que as figuras I, II, III e IV podem representar, respectivamente, linhas de campo:
a) Eletrostático, eletrostático, magnético e magnético.
b) Magnético, magnético, eletrostático e eletrostático.
c) Eletrostático, magnético, eletrostático e magnético.
d) Magnético, eletrostático, eletrostático e magnético.
e) Eletrostático, magnético, magnético e magnético.

3) (Cefet-MG) Um ímã AB em forma de barra é partido ao meio, e os pedaços resultantes também são divididos em duas partes iguais, conforme a seguinte figura:

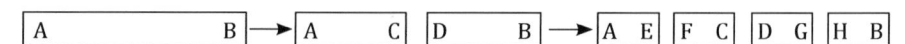

Pendurando-se os quatro pedaços, eles se orientam na direção Norte-Sul geográfico. Os polos que apontam para o mesmo sentido são:
a) E, C, G, B.
b) E, F, G, H.
c) A, F, G, B.
d) A, C, D, B.

4) (UFB-DF) Pares de ímãs em forma de barra são dispostos conforme indicam as figuras a seguir:

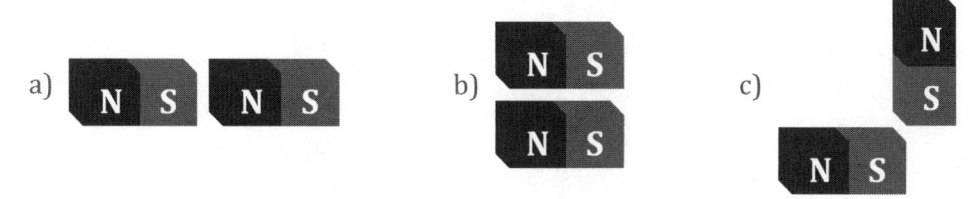

a) N S N S   b) N S / N S   c) N / S / N S

A letra N indica o polo Norte e o S o polo Sul de cada uma das barras. Entre os ímãs de cada um dos pares anteriores (a), (b) e (c) ocorrerão, respectivamente, forças de:
a) atração, repulsão, repulsão;
b) atração, atração, repulsão;
c) atração, repulsão, atração;
d) repulsão, repulsão, atração;
e) repulsão, atração, atração.

5) (UEMG) O ano de 2009 foi o Ano Internacional da Astronomia. A 400 anos atrás, Galileu apontou um telescópio para o céu, e mudou a nossa maneira de ver o mundo, de ver o universo e de vermos a nós mesmos. As questões, a seguir, nos colocam diante de constatações e lembram de que somos, apenas, uma parte de algo muito maior: o cosmo.
Um astronauta, ao levar uma bússola para a Lua, verifica que a agulha magnética da bússola não se orienta numa direção preferencial, como ocorre na Terra. Considere as seguintes afirmações, a partir dessa observação:
1) A agulha magnética da bússola não cria campo magnético, quando está na Lua.
2) A Lua não apresenta um campo magnético.
Sobre tais afirmações, marque a alternativa **correta**:

a) Apenas a afirmação 1 é correta.
b) Apenas a afirmação 2 é correta.
c) As duas afirmações são corretas.
d) As duas afirmações são falsas.

6) (UFPA) A Terra é considerada um ímã gigantesco, que tem as seguintes características:
a) O polo Norte geográfico está exatamente sobre o polo sul magnético, e o Sul geográfico está na mesma posição que o norte magnético.
b) O polo Norte geográfico está exatamente sobre o polo norte magnético, e o Sul geográfico está na mesma posição que o sul magnético.
c) O polo norte magnético está próximo do polo Sul geográfico, e o polo sul magnético está próximo do polo Norte geográfico.
d) O polo norte magnético está próximo do polo Norte geográfico, e o polo sul magnético está próximo do polo Sul geográfico.
e) O polo Norte geográfico está defasado de um ângulo de 45° do polo sul magnético, e o polo Sul geográfico está defasado de 45° do polo norte magnético.

7) (UnB-DF) Três chaves de fenda que podem estar com as pontas imantadas, cujos polos são X, Y e Z, são aproximadas do polo K de um ímã.
Observamos que os polos X e Y são atraídos e Z, repelido. Se a chave X é um polo sul, podemos afirmar que:
I. Y é um polo norte.
II. Z e K são polo norte.
III. Y não está imantada e K é um polo sul.
a) apenas I está correta.
b) I e II estão corretas.
c) I e III estão corretas.
d) apenas II está correta.
e) todas estão corretas.

8) (FGV-SP) Da palavra 'aimant', que traduzido do francês significa amante, originou-se o nome ímã, devido à capacidade que esses objetos têm de exercer atração e repulsão. Sobre essas manifestações, considere as proposições:
I. assim como há ímãs que possuem os dois tipos de polos, sul e norte, há ímãs que possuem apenas um.
II. o campo magnético terrestre diverge dos outros campos, uma vez que o polo norte magnético de uma bússola é atraído pelo polo norte magnético do planeta.

III. os pedaços obtidos da divisão de um ímã são também ímãs que apresentam os dois polos magnéticos, independentemente do tamanho dos pedaços.

Está correto o contido em:
a) I, apenas.
b) III, apenas.
c) I e II, apenas.
d) II e III, apenas.
e) I, II e III.

9) (FGV-SP) Sobre os fenômenos do magnetismo, analise:
  I. Um ímã, inserido em uma região onde atua um campo magnético, está sujeito a um binário de forças magnéticas de mesma intensidade, que não são capazes de transladá-lo, contudo podem rotacioná-lo.
  II. Quando ímãs artificiais são produzidos, a posição de seus polos é determinada pela posição em que se encontra o corpo do ímã, relativamente às linhas do campo magnético ao qual ele é submetido em seu processo de magnetização.
  III. O número de vezes que podemos repartir um ímã em duas partes e dessas partes obtermos novos ímãs se limita ao momento em que da divisão separam-se os polos sul e norte.
  IV. Os polos geográficos e magnéticos da Terra não se encontram no mesmo local. Quando utilizamos uma bússola, o norte magnético de sua agulha nos indica a região em que se encontra o norte magnético do planeta.

Está correto apenas o contido em:
a) I e II.
b) I e IV.
c) II e III.
d) I, III e IV.
e) II, III e IV.

10) (FGV-SP) Várias empresas que prestam serviços a residências, ou a outras empresas, oferecem a seus clientes os famosos ímãs de geladeira, justamente para serem lembrados nos momentos de necessidade. Certa dona de casa não grudou na geladeira um ímã que recebera, esquecendo-o numa gaveta de armário. Após certo tempo, ao deparar com o ímã na gaveta, tentou grudá-lo na geladeira, mas ele, desmagnetizado, desprendeu-se, caindo no chão. Para magnetizá-lo novamente, ela poderá atritá-lo com uma barra de ferro em movimentos:
a) Circulares de um mesmo sentido.
b) Circulares de sentidos alternados.
c) Retilíneos de um mesmo sentido.
d) Retilíneos de sentidos alternados.
e) Parabólicos de sentidos alternados.

capítulo doze

Ondas: definição de pulso e onda, classificação,

184

Se olharmos ao nosso redor, perceberemos várias situações em que há aplicações do comportamento da luz e do som. Para tanto, devemos primeiramente entender o conceito básico de ondas: como elas se propagam.

Geralmente, as ondas estudadas na física são relacionadas às ondas do mar. Essa relação não é inteiramente falsa, mas não é completa.

Na física, chamamos o estudo de ondas de *ondulatória*. Mas, o que é realmente uma onda? O que a causa?

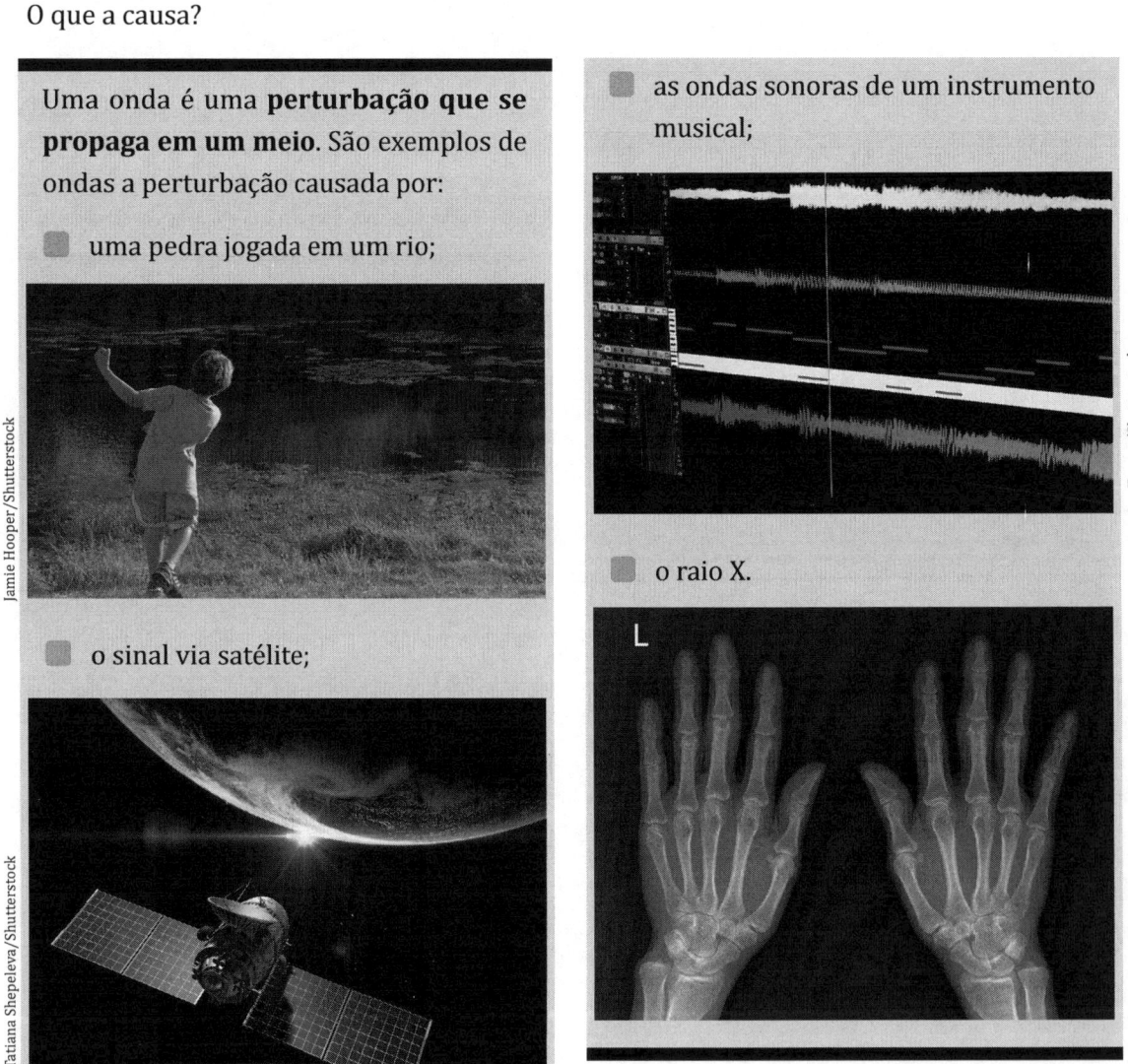

Uma onda é uma **perturbação que se propaga em um meio**. São exemplos de ondas a perturbação causada por:

- uma pedra jogada em um rio;
- o sinal via satélite;
- as ondas sonoras de um instrumento musical;
- o raio X.

Tecnologias como internet sem fio e telefonia celular só existem na atualidade graças às ondas eletromagnéticas. Já no caso de uma música que é transmitida em rádio, por exemplo, essa onda está associada às ondas mecânicas.

Voltando às ondas do mar, nós dissemos que o conceito não está completo, certo? Quando um surfista vai "pegar uma onda", o principal objetivo é que ele seja transportado pela onda. Na física isso não acontece, pois a onda não transporta matéria, apenas energia.

No caso do surfista, como ele pega uma única perturbação, isso é chamado de *pulso*, e uma sucessão de pulsos é conhecida como *onda*.

12.1 Classificação das ondas

As ondas podem ser classificadas quanto a três critérios:

1. **Natureza das ondas**
- **Mecânicas**: necessitam de meio material para propagação (por exemplo: ondas sonoras, ondas do mar, ondas em cordas etc.).
- **Eletromagnéticas**: não necessitam de meio material para propagação (por exemplo: raio X, ondas de rádio, luz etc.).

2. **Direção de vibração**
- **Longitudinais**: a direção da vibração da fonte é paralela à direção de propagação da onda (por exemplo: ondas sonoras).

Figura 12.1 – Ondas longitudinais

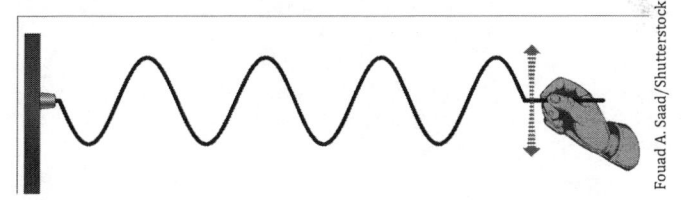

- **Transversais**: a direção da vibração da fonte é perpendicular (faz ângulo de 90°) à direção de propagação da onda (por exemplo: ondas eletromagnéticas e ondas em cordas).

Figura 12.2 – Ondas transversais

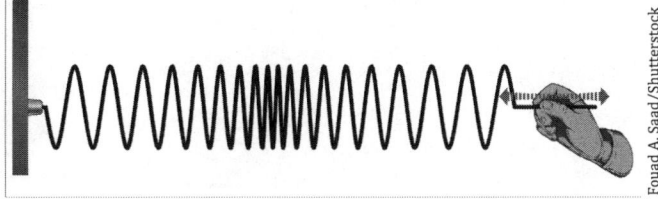

[Acesse qualquer um destes vídeos e veja como é impressionante a disposição das cordas: <https://youtu.be/vksuDJTAeCM>, <https://youtu.be/CfhRddA_sE> e <https://youtu.be/tKxJ6Xxmiwc>. Acesso em: 18 dez. 2016.]

3. **Direção de propagação**

- **Unidimensionais**: só se propagam em uma direção (por exemplo: onda em uma corda de violão[1]).

Figura 12.3 – Onda transversal, mecânica e unidimensional

- **Bidimensionais**: propagam-se em duas direções (por exemplo: perturbação feita por uma pedra jogada em um rio).

Figura 12.4 – Ondas bidimensionais

- **Tridimensionais**: propagam-se em todas as direções (por exemplo: ondas sonoras – concerto musical, luz etc.).

Figura 12.5 – Ondas tridimensionais

Dependendo da direção de propagação das ondas, podemos definir se é possível ocorrer ou não certos fenômenos ondulatórios.

12.2 Na crista da onda

Todas as ondas apresentam algumas características, vamos conhecê-las?

O **período** é o tempo que a onda leva para completar um ciclo, ou seja, produzir uma onda completa. No Sistema Internacional de Unidades (SI), ela é dada em segundos (s) e representada pela letra **T**.

Observe a Figura 12.6, a seguir, que ilustra um dial de um rádio antigo.

Figura 12.6 – Dial (rádio)

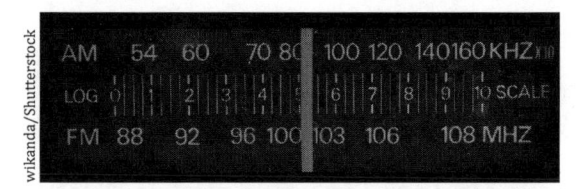

Há, no lado esquerdo desse dial, as letras FM (frequência modulada) e AM (amplitude modulada) e, no lado direito, kHz (quilohertz) e MHz (mega-hertz).

Observe a Figura 12.7, a seguir.

Figura 12.7 – AM e FM

Modulação em amplitude (AM)

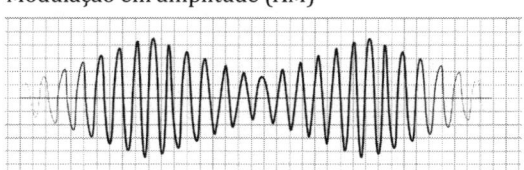

Modulação em frequência (FM)

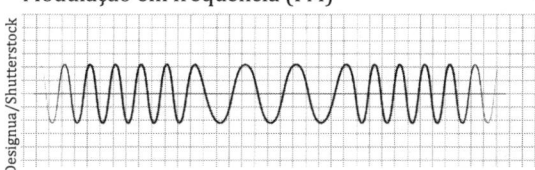

Qual é a diferença entre AM e FM?

Na primeira figura (AM), é a **amplitude** da onda do rádio que predomina, ou seja, a intensidade do som fraco (pequena amplitude) e forte (grande amplitude). A capacidade de propagação em AM permite atingir longas distâncias devido à refletividade das ondas eletromagnéticas.

Na segunda figura (FM), é a **frequência** da onda do rádio que predomina. Geralmente, em FM, o comprimento de onda é de alguns centímetros, enquanto o AM é da ordem em metros. Por esse motivo, a AM usa bem as camadas atmosféricas para se propagar por reflexão, já a FM necessita de antenas repetidoras (geralmente, instaladas em morros).

Repare que as antenas das rádios são diferentes de suas frequências. Quando estamos sintonizados em FM (frequências altas – MHz), a antena é curta, já sintonizados em AM (frequências mais baixas – KHz), a antena é alta-comprida.

Para saber mais

TECNOLOGIA em Rádio e TV. Disponível em: <http://www.willians.pro.br/disciplinas/tecnologia.html>. Acesso em: 18 dez. 2016.

Willians Cerozzi Balan é professor do Departamento de Comunicação Social da Universidade Estadual Paulista (Unesp). No *site* indicado, há inúmeros textos e vídeos referentes à comunicação. Acesse e curta os textos de apoio e referências.

Mas, afinal, o que é **frequência**? E o que é **amplitude**?

A **frequência** é o número de oscilações da onda em determinado tempo. Sua unidade no SI é o Hertz (Hz) e é representada pela letra **f** (não se esqueça de que 1 Hz = 1 rps).

Podemos escrever uma relação matemática para o período e a frequência, pois um é o inverso do outro, assim:

$$T = \frac{1}{f} \quad \text{ou} \quad f = \frac{1}{T}$$

Agora, observe a Figura 12.8, a seguir.

Figura 12.8 – Elementos das ondas

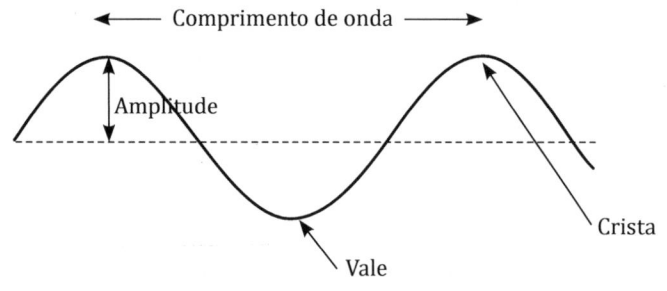

A **crista** é o ponto mais alto da onda e o **vale** é o ponto mais baixo dela. O **comprimento de onda** é o tamanho da onda completa. Pode ser medida de crista a crista (duas cristas consecutivas) ou vale a vale (dois vales consecutivos). É representada no SI pela letra grega lambda (λ) e medida em metros (m).

Figura 12.9 – Elementos da onda

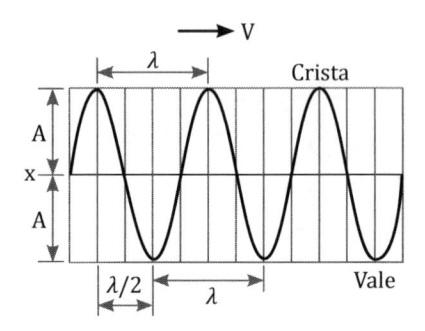

Fonte: Adaptado de Física Moderna, 2016.

A **amplitude de onda** é a altura da onda, ou seja, a medida da distância entre o eixo x e a crista da onda, dada em metros (m). Quanto maior a amplitude, maior a energia transportada.

A **velocidade de propagação (equação fundamental da ondulatória)** é calculada de maneira idêntica à da mecânica: a distância percorrida em determinado tempo. Matematicamente, temos:

$$v = \frac{\lambda}{T} = \lambda \cdot f$$

Em que:

- v = velocidade da luz no vácuo, no SI, em metros por segundo (m/s);
- λ = comprimento de onda, no SI, em metros (m);

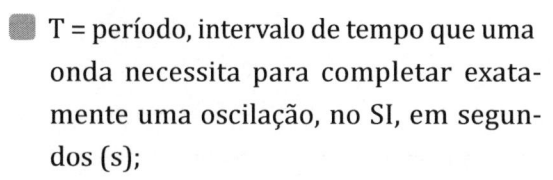

- T = período, intervalo de tempo que uma onda necessita para completar exatamente uma oscilação, no SI, em segundos (s);
- f = frequência, no SI, em hertz (Hz).

A velocidade da luz no vácuo (onda eletromagnética) vale $3 \cdot 10^8$ m/s. Assim, quando dizemos que um avião é ultrassônico é porque ele ultrapassou a barreira do som. Já a velocidade do som, que não se propaga no vácuo, é de 340 m/s.

Exercícios

1) (UFMG) Enquanto brinca, Gabriela produz uma onda transversal em uma corda esticada. Em certo instante, parte dessa corda tem a forma mostrada na figura a seguir.

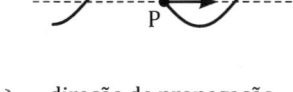

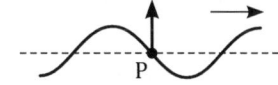

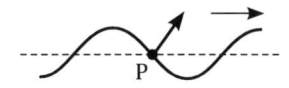

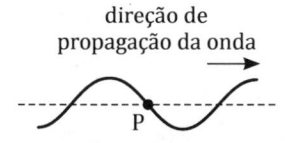

A direção de propagação da onda na corda também está indicada na figura.

Assinale a alternativa em que estão representados CORRETAMENTE a direção e o sentido do deslocamento do ponto P da corda, no instante mostrado:

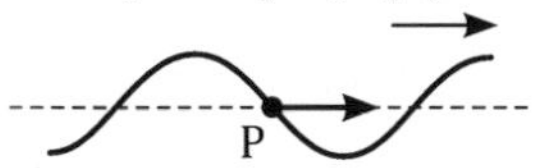

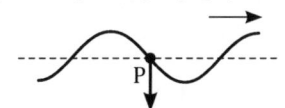

2) (UFSM-RS) Quando o badalo bate num sino e o faz vibrar comprimindo e rarefazendo o ar nas suas proximidades, produz-se uma onda sonora. As ondas sonoras no ar são _____ e _____.
A velocidade das ondas sonoras em outro meio é _____.

Selecione a alternativa que preenche corretamente as lacunas:
a) eletromagnéticas – transversais – igual.
b) mecânicas – longitudinais – igual.
c) mecânicas – transversais – diferente.
d) eletromagnéticas – longitudinais – igual.
e) mecânicas – longitudinais – diferente.

3) (UFPel-RS) Recentemente o físico Marcos Pontes se tornou o primeiro astronauta brasileiro a ultrapassar a atmosfera terrestre.

Diariamente existiam contatos entre Marcos e a base, e alguns deles eram transmitidos através dos meios de comunicação.

Com base no texto e em seus conhecimentos, é correto afirmar que conseguíamos "ouvir" e "falar" com Marcos porque, para essa conversa, estavam envolvidas:
a) apenas ondas mecânicas – transversais – já que estas se propagam, tanto no vácuo como no ar.
b) apenas ondas eletromagnéticas – longitudinais – já que estas se propagam, tanto no vácuo como no ar.
c) ondas eletromagnéticas – transversais – que apresentam as mesmas frequências, velocidade e comprimento de onda, ao passar de um meio para outro.
d) ondas mecânicas – transversais – que apresentam as mesmas frequências, velocidade e comprimento de onda, ao passar de um meio para outro.
e) tanto ondas eletromagnéticas – transversais –, que se propagam no vácuo, como ondas mecânicas – longitudinais –, que necessitam de um meio material para a sua propagação.

4) (UFSM-RS) A presença e a abrangência dos meios de comunicação na sociedade contemporânea vêm introduzindo elementos novos na relação entre as pessoas e entre elas e o seu contexto. Rádio, televisão e telefone celular são meios de comunicação que utilizam ondas eletromagnéticas, as quais têm a(s) seguinte(s) propriedade(s):
I. propagação no vácuo.
II. existência de campos elétricos variáveis perpendiculares a campos magnéticos variáveis.
III. transporte de energia e não de matéria.

Está(ão) correta(s):
a) apenas I.
b) apenas II.
c) apenas III.
d) apenas I e II.
e) I, II e III.

5) (PUC Goiás) Sabe-se que o ouvido humano só consegue detectar sons cuja frequência está entre 20 Hz e 20 000 Hz. Sendo a velocidade do som no ar igual a 340 m/s, a faixa de comprimento de onda sonora audível estaria (marque a alternativa correta):
a) entre 0,017 cm e 17 cm.
b) acima de 17 m.
c) abaixo de 0,017 m e acima de 17 m.
d) entre 0,017 m e 17 m.

6) (Unemat-MT) No passado, durante uma tempestade, as pessoas costumavam dizer que um raio havia caído distante, se o trovão correspondente fosse ouvido muito tempo depois; ou que teria caído perto, caso acontecesse o contrário. Do ponto de vista da Física, essa afirmação está fundamentada no fato de, no ar, a velocidade do som:
a) variar como uma função da velocidade da luz.
b) ser muito maior que a da luz.
c) ser a mesma que a da luz.
d) variar com o inverso do quadrado da distância.
e) ser muito menor que a da luz.

7) (Unemat-MT) Na natureza existem diversas formas de radiação, ionizantes e não ionizantes. As ionizantes possuem energia capaz de ionizar células; dentre elas destacam-se os raios gama, raios X, partículas alfa e partículas beta. As radiações não ionizantes não possuem energia suficiente para ionizar células. Dentre elas, podemos citar infravermelho, radiação ultravioleta, micro-ondas.

Das aplicações tecnológicas abaixo, assinale aquela que corresponde ao uso de ondas mecânicas em sua finalidade:

a) Radioterapia, usada para tratamento de câncer.
b) Ultrassonografia, bastante usada para observar o feto no útero materno.
c) Tomografia computadorizada, usada para ver os detalhes do corpo em múltiplas imagens, "fatias".
d) Pantomografia, requisitada pelos ortodontistas antes de se colocar o "aparelho" nos dentes.
e) Bronzeamento artificial, usado nas clinicas de estética.

8) (Unesp-SP)
I. Uma onda transporta partículas do meio pelo qual passa.
II. As ondas sonoras são perturbações que não podem se propagar no vácuo.
III. Quando uma onda mecânica periódica se propaga em um meio, as partículas do meio não são transportadas pela onda.
IV. Uma onda é transversal quando sua direção de propagação é perpendicular à direção de vibração.

Das afirmações acima, são verdadeiras:
a) somente I e II.
b) somente II e III.
c) somente III e IV.
d) somente II, III e IV.
e) todas.

9) (UFAM) A figura abaixo representa o perfil de uma onda transversal que se propaga. Os valores da amplitude, do comprimento e da velocidade da onda, sabendo que sua frequência é 200 Hz, respectivamente, são:

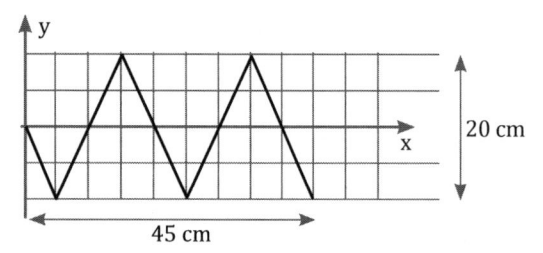

a) 10 cm; 20 cm e 30 m/s.
b) 20 m; 20 cm e 40 m/s.
c) 20 m; 10 cm e 60 m/s.
d) 0,10 m; 20 cm e 4 000 cm/s.
e) 10 cm; 20 cm e 1 500 cm/s.

10) (CPS-SP) Na Copa do Mundo de 2010, a Fifa determinou que nenhum atleta poderia participar sem ter feito uma minuciosa avaliação cardiológica prévia. Um dos testes a ser realizado, no exame ergométrico, era o eletrocardiograma. Nele é feito o registro da variação dos potenciais elétricos gerados pela atividade do coração. Considere a figura que representa parte do eletrocardiograma de um determinado atleta.

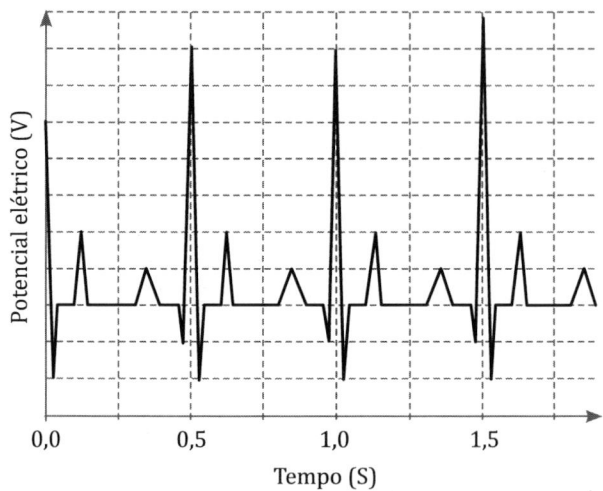

Sabendo que o pico máximo representa a fase final da diástole, conclui-se que a frequência cardíaca desse atleta é, em batimentos por minuto:

a) 60.
b) 80.
c) 100.
d) 120.
e) 140.

Considerações finais

A física é uma ciência em plena transformação. A cada dia lemos ou ouvimos novas notícias sobre o mundo tecnológico, a evolução de computadores e celulares, da medicina, enfim, notamos a modificação do mundo.

Neste livro, nossa pretensão é ajudar você a compreender melhor o mundo da física por meio de uma linguagem simples, clara e objetiva, além de apresentar situações práticas do nosso cotidiano. Desse modo, acreditamos que a compreensão do assunto torna-se mais fácil, colaborando na assimilação da realidade.

Acreditamos que o estudo da física não pode ficar somente nas questões teóricas, pois a experiência e o uso de exemplos práticos auxilia na compreensão dos conteúdos. Por essa razão, selecionamos conteúdos básicos para propiciar a você, leitor, uma visão satisfatória dos principais conceitos, leis e aplicações da física. Não abordamos assuntos complexos existentes nessa ciência; assim, caso tenha interesse em aprofundar seus estudos, você pode consultar as referências bibliográficas deste material – os estudos de Beatriz Alvarenga Álvares e Antônio Máximo Ribeiro da Luz (2003, 2005, 2012), além do *site* do Instituto de Física da Universidade de São Paulo (USP), são excelentes indicações.

Esperamos que, por meio da leitura atenta e da assimilação dos conteúdos aqui apresentados, somadas à orientação de seu professor, você consiga compreender as leis gerais e as principais aplicações dessa maravilhosa ciência chamada *física*.

Desejamos que a física abra caminhos para que você, por meio de seus estudos, tenha mais um instrumento de análise do mundo, tornando-se um cidadão mais informado, crítico e que atue mais conscientemente na sociedade.

Sucesso!

Prof. Carlos A. G. Oliveira (Carlos Azeitona).

Referências

2.BP.BLOGSPOT. **Dilatação irregular da água**. 1 ilustração. Disponível em: <http://2.bp.blogspot.com/_ydcBU43Os6o/Rwgi9JOnAKI/AAAAAAAAADI/rgWZcaBsQX0/s320/Digitalizar00264.jpg>. Acesso em: 18 dez. 2016.

4.BP.BLOGSPOT. **Somando as forças**. 1 ilustração. Disponível em: <http://4.bp.blogspot.com/-OXiAt1veO24/VY4JxqHko9I/AAAAAAAAAR4/XYdUGxWjRPM/s320/2%2Blei.JPG>. Acesso em: 18 dez. 2016.

ALUNOS ONLINE. **Dilatação volumétrica**. 2 ilustrações. Disponível em: <http://alunosonline.uol.com.br/upload/conteudo/images/dilata%C3%A7%C3%A3o%20volum%C3%A9trica.jpg>. Acesso em: 18 dez. 2016a.

____. **Série triboelétrica**. 1 ilustração. Disponível em: <http://alunosonline.uol.com.br/upload/conteudo/images/serie-triboeletrica.jpg>. Acesso em: 18 dez. 2016b.

CENTRO-OESTE Brasil. **CLN 700**. 1 ilustração. Disponível em: <http://doc.brazilia.jor.br/Vias/mapas/cln700.gif>. Acesso em: 18 dez. 2016.

DAL MORO, G. A. **Gaiola de Faraday e a blindagem eletrostática**. 2011. Disponível em: <http://portaldoprofessor.mec.gov.br/fichaTecnicaAula.html?aula=25102>. Acesso em: 18 dez. 2016.

DEPARTAMENTO Física Experimental. Instituto de Física da USP. **Tabela de calor específico de várias substâncias**. Disponível em: <http://fep.if.usp.br/~profis/experimentando/diurno/downloads/Tabela%20de%20Calor%20Especifico%20de%20Varias%20Substancias.pdf>. Acesso em: 9 fev. 2017.

DURÁN, J. E. R. **Biofísica**: fundamentos e aplicações. São Paulo: Prentice Hall, 2003.

E-FÍSICA. **A mecânica de Newton**. Disponível em: <http://efisica.if.usp.br/mecanica/curioso/historia/newton/>. Acesso em: 18 dez. 2016a.

____. **Galileu e o nascimento da ciência moderna**. Disponível em: <http://efisica.if.usp.br/mecanica/curioso/historia/galileu/>. Acesso em: 18 dez. 2016b.

E-FÍSICA. **Raio, relâmpago, trovão e para-raios**. Disponível em: <http://efisica.if.usp.br/eletricidade/basico/carga/raio_relampago/>. Acesso em: 18 dez. 2016.

ELETRÔNICA DIDÁTICA. **Capacitor**. Disponível em: <http://www.eletronicadidatica.com.br/capacitor.html>. Acesso em: 18 dez. 2016.

ESCUELA UNIVERSITARIA DE INGENIERÍA TÉCNICA FORESTAL. **Roz aire**. 1 ilustração. Disponível em: <http://acer.forestales.upm.es/basicas/udfisica/asignaturas/fisica/animaciones_files/roz_aire.swf>. Acesso em: 18 dez. 2016.

ESTUDO Prático. **Cargas elétricas**. 1 ilustração. 2014. Disponível em: <http://www.estudopratico.com.br/wp-content/uploads/2014/05/cargas-eletricas.jpg>. Acesso em: 18 dez. 2016.

FERRARO, N. G. **Propriedades do potencial elétrico – 10ª aula**. Os Fundamentos da Física. Disponível em: <http://osfundamentosdafisica.blogspot.com.br/2016/04/cursos-do-blog-eletricidade_13.html>. Acesso em: 18 dez. 2016a.

_____. **Trabalho da força elétrica**: potencial elétrico (II) – 9ª aula. Os Fundamentos da Física. Disponível em: <http://osfundamentosdafisica.blogspot.com.br/2016/04/cursos-do-blog-eletricidade.html>. Acesso em: 18 dez. 2016b.

FÍSICA E VESTIBULAR. **Lei de Hooke**. 1 ilustração. Disponível em: <http://fisicaevestibular.com.br/novo/wp-content/uploads/migracao/hooke/i_f0932ed15524a52f_html_7b3cab2a.jpg>. Acesso em: 18 dez. 2016.

FÍSICA MODERNA. **Senoidal 2**. 1 ilustração. Disponível em: <http://fisicamoderna.blog.uol.com.br/images/senoidal_2.jpg>. Acesso em: 18 dez. 2016.

GEOCITIES. **Lei de Coulomb**. 1 ilustração. Disponível em: <http://www.geocities.ws/saladefisica8/eletrostatica/coulomb.html>. Acesso em: 18 dez. 2016.

GLOBO ESPORTE.COM. **Quanto de esporte é preciso praticar para queimar as calorias a mais**. 30 out. 2013. Disponível em: <http://globoesporte.globo.com/eu-atleta/nutricao/noticia/2013/10/quanto-de-esporte-e-preciso-praticar-para-queimar-calorias-mais.html>. Acesso em: 18 dez. 2016.

GOOGLE MAPS. **Distância entre o km 7 e o km 10**. 1 mapa. Disponível em: <https://www.google.com.br/maps/place/Jardim+Jacarand%C3%A1,+Paranagu%C3%A1+-+PR/@-25.569086,-48.6038391,15.5z/data=!4m2!3m1!1s0x94db8fe3e22e4399:0x42acb809c71f9c4f>. Acesso em: 18 dez. 2016.

HIDRAULICART. **Tabela conversão unidades pressão**. 1 tabela. Disponível em: <http://www.hidraulicart.pt/wp-content/uploads/tabela-convers%C3%A3o-unidades-press%C3%A3o.jpg>. Acesso em: 18 dez. 2016.

HOUAISS, A.; VILLAR, M. de S. **Dicionário eletrônico Houaiss da língua portuguesa**. versão 3.0. Rio de Janeiro: Instituto Antônio Houaiss; Objetiva, 2009. 1 CD-ROM.

INMETRO – Instituto Nacional de Metrologia, Qualidade e Tecnologia. Ministério do Desenvolvimento, Indústria e Comércio Exterior. **Portaria Inmetro n. 268, de 21 de março de 2009**. Diário Oficial da União, 21 mar. 2009. Disponível em: <http://www.inmetro.gov.br/legislacao/rtac/pdf/RTAC001493.pdf>. Acesso em: 18 dez. 2016.

INTERLAGOS. Disponível em:<www.autodromodeinterlagos.com.br>. Acesso em: 18 dez. 2016.

MÁXIMO, A.; ALVARENGA, B. **Curso de Física**. São Paulo: Scipione, 2005. (Coleção Curso de Física, v. 1, 2, 3).

____. **Física**. São Paulo: Scipione, 2003. (Coleção De Olho no Mundo do Trabalho, volume único).

____. **Física**. São Paulo: Scipione, 2012. (Coleção Projeto Voaz, v. 1, 2, 3).

MATSON, J. Relação das massas de elétrons e prótons é muito antiga. **Scientific American Brasil**. Disponível em: <http://www2.uol.com.br/sciam/noticias/relacao_das_massas_de_eletrons_e_protons_e_muito_antiga.html>. Acesso em: 18 dez. 2016.

MUNDO Educação. **Eletrização por atrito**. 1 ilustração. Disponível em: <http://mundoeducacao.bol.uol.com.br/upload/conteudo/eletrizacao%20por%20atrito.jpg>. Acesso em: 18 dez. 2016.

NETFÍSICA. **Corrente elétrica**. 2013. Disponível em: <http://www.netfisica.com/novo/index.php/notas-de-aula/39-corrente-eletrica>. Acesso em: 18 dez. 2016.

NOÇÕES de Primeiros Socorros no Trânsito. São Paulo: Abramet, 2005.

PHET INTERACTIVE SIMULATIONS. **O homem em movimento**. Disponível em: <http://phet.colorado.edu/pt_BR/simulation/moving-man>. Acesso em: 18 dez. 2016.

QUAIS SÃO OS principais efeitos da altitude sobre o corpo humano? **Superinteressante**, São Paulo, ed. 172, dez. 2001. Disponível em: <http://super.abril.com.br/ciencia/quais-sao-os-principais-efeitos-da-altitude-sobre-o-corpo-humano>. Acesso em: 18 dez. 2016.

QUARESMA, A. **Pequeno dicionário de gírias e expressões automobilísticas**. 2015. Disponível em: <http://www.autodromodeinterlagos.com.br/wp1/dicionario/>. Acesso em: 18 dez. 2016.

RENATO MASSANO. **Pressão estática caixa**. 1 ilustração. Disponível em: <http://www.renatomassano.com.br/dicas/residencial/conceitos_fundamentais/pressao_estatica_caixa.jpg>. Acesso em: 18 dez. 2016.

REVISTA NOVA ESCOLA. **Por que a pressão atmosférica muda com a altitude?** Mar. 2012. Disponível em: <https://novaescola.org.br/conteudo/2206/por-que-a-pressao-atmosferica-muda-com-a-altitude>. Acesso em: 18 dez. 2016.

SCIENTIFIC AMERICAN BRASIL. O sentido elétrico dos tubarões. **Duetto**, São Paulo, ed. 64, set. 2007. Disponível em: <http://www2.uol.com.br/sciam/reportagens/o_sentido_eletrico_dos_tubaroes_imprimir.html>. Acesso em: 18 dez. 2016.

SOUZA, A. C. F. de. et al. **Anel de Gravesande**. 3. fot.: col. Disponível em: <http://comcienciafisica.org/roteiros/calor/anel-de-gravesande.pdf>. Acesso em: 18 dez. 2016.

TECNOLOGIA em Rádio e TV. Disponível em: <http://www.willians.pro.br/disciplinas/tecnologia.html>. Acesso em: 18 dez. 2016.

TECTÉRMICA. **Propriedades dos alimentos perecíveis**. Disponível em: <http://www.tectermica.com.br/Downloads/propriedades-alimentos-pereciveis_camara-fria_camara-frigorifica_artigo-tecnico.pdf>. Acesso em: 18 dez. 2016.

TEIXEIRA, M. M. Comportamento irregular da água. **Brasil Escola**. Disponível em: <http://brasilescola.uol.com.br/fisica/a-agua-seu-comportamento-irregula.htm>. Acesso em: 18 dez. 2016.

TEIXEIRA, W. et al. (Org.). **Decifrando a Terra**. São Paulo: Nacional, 2009.

UFPA – Universidade Federal do Pará. **Tabela de coeficientes de dilatação linear**. Disponível em: <http://www.cultura.ufpa.br/petfisica/conexaofisica/termo/025.html>. Acesso em: 18 nov. 2016.

WNT2KNW.COM. **Eletrização por indução**. 1 ilustração. Disponível em: <http://s.wnt2know.com/images/original/0/7946/5531166be8b70e3d6c8bb6dc.png>. Acesso em: 9 jan. 2016.

Respostas

Primeira parte – Física 1

Capítulo 1

1. e (lembre-se dos conceitos de repouso e movimento).

2. d

    Resolução: Tempo total: 3 min + 3 min + 6 min = 12 min para todo o percurso.

    60 min – 1h

    12 min – x

    x = 1/5 h

    v = 10 km/(1/5 h) = 50 km/h

3. e

    Resolução: 1 ano = 12 meses

    10 anos = 120 meses

    3 cm = 2 meses

    x cm = 120 meses

    x = 180 cm = 1 800 mm

4. a

    Resolução:

Distância percorrida	Tempo
30 km	15 min
27 km	15 min
24 km	15 min
21 km	15 min
18 km	15 min
15 km	15 min
Total: 135 km	6 x 15 min = 90 minutos = 60 min + 30 min = 1 h e 30 min.

5. e

    Resolução:

    Velocidade = 900 km/h

    Tempo = 75 minutos = 1,25 h (70/60 = 1,25)

    $$900 = \frac{\Delta S}{1,25\ h}$$

    $\Delta S = 1\ 125$ km

6. e

   Resolução:

   Distância do trem + ponte = 200 + 1 000 = 1 200 m

   Tempo = 1 minuto = 60 segundos

   $v = \dfrac{1\,200\text{ m}}{60\text{ s}} = 20\,\dfrac{m}{s} = 72\text{ km/h}$

7. c

   Resolução:

   Distância = 1 800 m

   Tempo = 16 segundos

   $v = \dfrac{1\,800\text{ m}}{16\text{ s}} = 112{,}5\,\dfrac{m}{s} = 405\text{ km/h}$

8. d

   Resolução:

   Distância = 500 km

   Velocidade média = 50 km/h

   $50 = \dfrac{500\text{ km}}{t}$

   $t = 10\text{ h}$

   Tempo total: 10 horas viajando e mais 12 horas parado, totalizando 22 horas.

   Se ele saiu às 16h de sexta-feira, chegará às 14h do sábado.

9. a

   Resolução:

   Variação de velocidade = 360 km/h = 100 m/s

   Tempo total = 25 s

   $\alpha = \dfrac{\Delta V}{t} = \dfrac{100}{25} = 4\text{ m/s}^2$

10. b

    Resolução:

    Variação de velocidade = 72 km/h = 20 m/s

    Tempo total = 10 s

    $\alpha = \dfrac{\Delta V}{t} = \dfrac{-20}{10} = -2\text{ m/s}^2$

Capítulo 2

1. c

   Resolução:

   a. Incorreta: só é válido se o movimento for acelerado.
   b. Incorreta: elas não se anulam, pois são aplicadas em corpos diferentes.
   c. Correta: enunciado do princípio da inércia (primeira lei de Newton).
   d. Incorreta: enunciado do princípio da ação e reação (terceira lei de Newton).

2. c

    Resolução:
    I. Incorreta: para ter equilíbrio, as forças devem ter a mesma intensidade, mas também a mesma direção e sentidos opostos.
    II. Incorreta: forças opostas de mesma intensidade têm resultante nula.
    III. Correta: $F_N = P_N = P \cos \theta$, logo, $F_N < P$.

3. a

    Resolução: Se a velocidade é constante, não tem força. Lembre-se da segunda lei de Newton.

4. b

    Resolução: Lembre-se da definição da terceira lei de Newton).

5. c

    Resolução: Quando uma pessoa anda, interage com o solo por meio de uma força de atrito, de acordo com a terceira lei de Newton. Ela aplica no solo uma força de atrito para trás e recebe como reação do solo uma força de atrito para frente no sentido de seu movimento. A direção da força de atrito é tangente à região de contato entre os pés e o chão e, portanto, numa direção paralela ao plano de apoio.

6. a

    Resolução: Lembre-se da definição da primeira lei de Newton.

7. b

    Resolução:
    I. Incorreta: o ônibus está em movimento retilíneo uniforme, logo não sofre ação de nenhuma força.
    II. Correta: o pêndulo sofre ação da força para trás, em razão de estar sofrendo uma aceleração para frente.
    III. Incorreta: o ônibus desloca-se para a direita e está acelerando, portanto o pêndulo deveria estar inclinado para trás.
    IV. Incorreta: o ônibus está desacelerando, portanto o pêndulo deveria estar indo para frente.

8. c

    Resolução: A deformação da mola é de 12 cm, pois:

    $\Delta x = (22 - 10) = 12$ cm

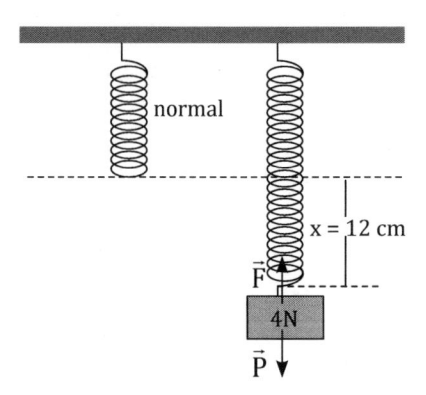

Fonte: Adaptado de Física e Vestibular, 2016.

Para a deformação anterior, temos:

$F_e = P = 4\ N$

$F_e = k \cdot x$

$4 = k \cdot 12$

$k = \dfrac{1}{3}\ N/cm$

Como k é constante para qualquer deformação (Lei de Hooke):

$F_e = P = 6\ N$

$F_e = k \cdot x$

$6 = \dfrac{1}{3} \cdot x$

$x = 18\ cm$

Ela ficará deformada em 18 cm e seu comprimento será:
L = 18 + 10 = 28 cm.

9. b

Resolução: Tendo como base a tabela, temos:

$k = \dfrac{Fe}{x} = \dfrac{160}{10} = \dfrac{320}{20} = \dfrac{480}{30} = 16$

$\dfrac{N}{cm}\quad k = 1600\ \dfrac{N}{m} = 1{,}6\ \dfrac{kN}{m}$

10. a

Resolução: Em cada tênis temos três molas; como a pessoa em pé estará apoiada sobre dois tênis, logo você terá seis molas associadas em paralelo. Assim, cada mola suportará uma força de:

$P = m \cdot g = 84 \cdot 10 = \dfrac{840}{6}\ N$

F = 140 N (força suportada por cada mola, que é a força elástica F_e.

$F_e = k \cdot x$

$140 = k \cdot 4 \cdot 10^{-3}$

$k = \dfrac{140}{4 \cdot 10^{-3}}$

$k = 35 \cdot 10^3\ \dfrac{N}{m}$

$k = 35\ \dfrac{kN}{m}$

Capítulo 3

1. e

    Resolução: A mola do carrinho e a borracha da atiradeira, quando deformadas, apresentam energia potencial elástica. Quando liberada, essa energia potencial é transformada em energia cinética. Daí a semelhança na conversão de uma modalidade de energia em outra.

2. d

    Resolução: Considerando o nível da jusante (parte mais baixa da água) nulo, o da montante (parte mais elevada da água) será de 25 m. Assim:
    $\Delta E_{pg} = m \cdot g \cdot \Delta h = 1{,}2 \cdot 10^4 \cdot 10 \cdot (25-0) \Rightarrow \Delta E_{pg} = 3{,}0 \cdot 10^6$ J

3. d

    Resolução: Como há energia potencial gravitacional da água na superfície da barragem por causa da altura h, ela se transforma em energia cinética (do movimento) na turbina. Esta aciona o gerador, que transforma energia cinética em elétrica.

4. b

    Resolução: Sem atrito, a energia mecânica é conservada e a energia cinética é máxima no ponto R. Sendo assim, a velocidade é máxima e a energia potencial gravitacional é mínima. Em P, a energia cinética é mínima (ponto de menor velocidade) e a energia potencial gravitacional é máxima.

5. e

    Resolução: Pela conservação da energia mecânica:
    $$E_{mA} = E_{pA} + E_{cA} = m \cdot g \cdot h + m \cdot \frac{v^2}{2} =$$
    $$= m \cdot 10 \cdot 8 + m \cdot \frac{v^2}{2} = 80m + m \cdot \frac{v^2}{2}$$

$E_{mB} = m \cdot g \cdot h = m \cdot 10 \cdot 13 = 130\,m$

$E_{mA} = E_{mB}$

$80\,m + m \cdot \dfrac{v^2}{2} = 130\,m$

$\dfrac{v^2}{2} = 50$

$v = 10\,m/s$

6. d

Resolução:

$\dfrac{k \cdot x^2}{2} = \dfrac{m \cdot v^2}{2}$

$\dfrac{8000 \cdot (2 \cdot 10^{-2})^2}{2} = \dfrac{0,2 v^2}{2}$

$\dfrac{8000 \cdot (4 \cdot 10^{-4})}{0,2} = v^2$

$v^2 = 16$

$v = 4,0\,m/s$

7. b

Resolução: O maior consumo é em:

$P_o = 5 \cdot 10^3\,W$

$t = 2h$

$P_M = \dfrac{\tau}{\Delta t}$

$5 \cdot 10^3\,W = \dfrac{\tau}{2}$

$\tau = 10 \cdot 10^3\,W$

$\tau = 10\,kW/h$

8. a

Resolução: Sabemos que o trabalho da força do peso é independente da trajetória:

$h = 0,150 \cdot 60$

$h = 9\,m$

$\tau = m \cdot g \cdot h$

$\tau = 80 \cdot 10 \cdot 9 = 72 \cdot 10^2\,J$

$\tau = 7,2 \cdot 10^3\,J$

$P = \tau/t = 7,2 \cdot 10^3/120$

$P = 60,0\,W$

9. a

Resolução: Temos, do 8 ao 12 – 4 degraus:

$h = 4 \cdot 18\,cm = 72\,cm = 0,72\,m$

Assim, a potência será:

$P = m \cdot g \cdot h/t = 70 \cdot 10 \cdot 0,72/2,8$

$P = 180\,W$

10. e

Resolução: $P = m \cdot g \cdot h/t$

$125 = 50 \cdot 10/t$

$t = 4,0\,s$

Capítulo 4

1. b

Resolução: Temos que densidade é:

$d = \dfrac{m}{V}$

Como a massa de água é a mesma (no caso, m = 1 g), a densidade é inversamente proporcional ao volume, ou seja, na temperatura em que o volume é mínimo (4 ºC), a densidade é máxima.

2. e

   Resolução:
   I. Incorreta: na hora mais quente do dia, a densidade do combustível é menor, logo, menor densidade, maior massa (para um mesmo volume).
   II. Correta: com a temperatura mais baixa, a densidade do combustível é maior, o que implica uma maior massa por litro de combustível.
   III. Correta: a massa de combustível não sofre variação em decorrência da variação da temperatura.

3. b

   Resolução: Lembre-se de que todo corpo imerso em um líquido recebe uma força vertical e para cima, o empuxo, e que este obedece à seguinte equação:

   $E = \mu \cdot V_d \cdot g$

   Quanto maior a densidade do líquido, no caso do mar morto (pelo fato da alta concentração salina), maior será a força do empuxo para cima e com mais facilidade ele flutua.

4. d

   Resolução:

   0,5 ton – 1 cm²

   90 ton – x

   x = 600 cm²

   Cada estaca tem área de
   10 cm · 10 cm = 100 cm², logo, 6 estacas.

5. e

   Resolução: Pelo Teorema de Stevin:

   $P = P_o + d \cdot g \cdot h$

   $2{,}2 \cdot 10^5 = 1{,}0 \cdot 10^5 + d \cdot 10 \cdot 5$

   $d = \dfrac{1{,}2 \cdot 10^5}{50}$

   $d = 0{,}024 \cdot 10^5 = 2{,}4 \cdot 10^3 \, \dfrac{kg}{m^3}$

6. b

   Resolução:

a. Incorreta: uma bomba de sucção é uma bomba que retira o ar de sua extremidade superior, produzindo o "vácuo"; com o ar sendo expulso, a pressão interna diminui e a maior pressão externa empurra o líquido para cima. E isso ocorre independentemente da espessura dos canos e da potência do motor que produz a sucção (vácuo).
b. Correta: se a experiência de Torricelli for realizada ao nível do mar, mas com água, cuja densidade é 13,6 vezes menor que a do mercúrio, a altura da coluna de água será aproximadamente igual a 10,3 m.
c. Incorreta: mesma justificativa do item a).
d. Incorreta: mesma justificativa do item b).
e. Incorreta: ela "produz vácuo", e não "funciona no vácuo".

7. e

Resolução: Cada litro de álcool hidratado tem 0,96 L de álcool (96%) e 0,04 L de água (4%). A massa de álcool é dada por:

$$d_{álcool} = \frac{m_{álcool}}{V_{álcool}} \Rightarrow 800 = \frac{m_{álcool}}{0,96} \Rightarrow$$

$$m_{álcool} = 768 \, g$$

E a massa de água é dada por:

$$d_{água} = \frac{m_{água}}{V_{água}} \Rightarrow 1000 = \frac{m_{água}}{0,04} \Rightarrow$$

$$m_{água} = 40 \, g$$

A densidade da mistura deve permanecer por volta de:

$$d_{mistura} = \frac{m_{álcool} + m_{água}}{V_{mistura}} = \frac{768 + 40}{1} \Rightarrow$$

$$d_{mistura} = 808 \, g/L$$

Qualquer amostra que tiver densidade maior que 808 g/L estará fora do padrão (excesso de água). Logo, as únicas possíveis são as amostras de 808 g/L e a 805 g/L.

8. a

Resolução: Em grandes altitudes, a pressão atmosférica diminui e o ar é mais rarefeito, tornando mais difícil a captação de oxigênio pelo organismo. Para se adaptar a essa baixa pressão atmosférica, o corpo se autorregula, aumentando a frequência respiratória. Isso acarreta sintomas como dores de cabeça, náuseas, lentidão de raciocínio, dores musculares, fadiga e taquicardia.

9. d

Resolução: O Teorema de Stevin é aplicado a todos os pontos de uma superfície, os quais, a uma mesma altura, devem suportar a mesma pressão, em se tratando de um mesmo líquido (sangue, nesse caso).

10. b

Resolução: A diferença de pressão hidrostática (ΔP) entre dois pontos de desnível h para um líquido de densidade d_{liq} é dada pelo Teorema de Stevin:

$\Delta P = d_{liq} \cdot g \cdot h$

Assim, essa diferença só depende da densidade do líquido, do desnível e da gravidade local.

Capítulo 5

1. a

   Resolução:

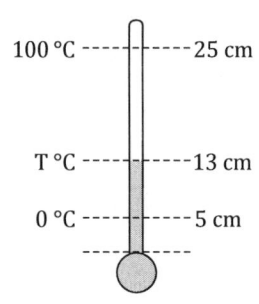

   $$\frac{T - 0}{100 - 0} = \frac{13 - 5}{25 - 5}$$

   $$\frac{T}{100} = \frac{8}{20} \therefore T = 40\,°C$$

2. d

   Resolução:
   Da relação: $\dfrac{\Delta\theta_C}{5} = \dfrac{\Delta\theta_F}{9}$

   Sendo ΔC a variação da temperatura em °C e ΔF a variação da temperatura em °F, temos:

   $\dfrac{60}{5} = \dfrac{\Delta\theta_F}{9} \Rightarrow \Delta\theta_F = 108\,°F$

3. b

   Resolução: Com base na equivalência entre temperaturas em Celsius (θ_C) e em Fahrenheit (θ_F):

$$\frac{\Delta\theta_C}{5} = \frac{\Delta\theta_F}{9} \Rightarrow \frac{\theta_C}{5} = \frac{5,4}{9} \Rightarrow$$
$$\Rightarrow \theta_C = 3,0\ °C$$

4. b

Resolução: 0 °C e 273 K correspondem à mesma temperatura e, consequentemente, o nível de vibração das moléculas é o mesmo.

5. b

Resolução:

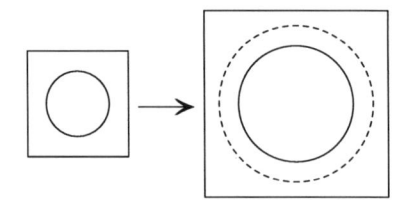

6. Resolução:

(01 + 02 + 04 + 16) = 23

01) Correta.

02) Correta.

04) Correta.

08) Incorreta: pela expressão $\Delta V = V_0 \cdot \lambda \cdot \Delta t$, observa-se que o coeficiente de dilatação térmica (λ) é diretamente proporcional à dilatação (ΔV).

16) Correta.

7. a

Resolução:

a. Correta.

b. Incorreta: não há contração da esfera, pois ela não altera sua temperatura.

c. Incorreta: o calor fornecido provoca um aumento no nível de agitação.

d. Incorreta: o diâmetro do anel aumenta.

e. Incorreta: o aquecimento gera aumento do diâmetro do anel.

8. d

Resolução:

Quando a temperatura do trilho for de 10 °C para 40 °C, um trilho de comprimento de $l_0 = 25$ m sofrerá uma dilatação linear de:

$\Delta L = L_0 \cdot \alpha \cdot (\theta - \theta_0)$

$= 25 \cdot 14 \cdot 10^{-6} \cdot (40 - 10)$

$\Rightarrow \Delta L = 0,01$ m

Dessa forma, o máximo comprimento do trilho a ser colocado deve ser:

$L = 25,00 - 0,01 \Rightarrow L = 24,99$ m

9. a

Resolução: Depois que a régua foi resfriada, ela se contraiu e o espaço entre cada unidade diminuiu, fazendo com que a medida do mesmo lápis parecesse maior.

10. d

Resolução:

$\Delta V = V_0 \cdot g \cdot \Delta T$

$\Delta V = 20\,000 \cdot 1 \cdot 10^{-3} \cdot 30$

$\Delta V = 600$ litros (variação volumétrica do álcool)

Para saber o lucro de uma semana, basta multiplicar esse resultado por 7 dias, a R$ 1,60 por dia.

$1,60 \cdot 7 \cdot 600 = 6.720$ reais

Capítulo 6

1. a

Resolução: A capacidade térmica é dada por:

$Q = C \cdot (\theta_f - \theta_i) \Rightarrow 600 = C \cdot (24 - 20) \Rightarrow C = 150$ cal/°C

2. a

Resolução: A capacidade térmica pode ser determinada por:

$Q = C \cdot (\theta_f - \theta_i) \Rightarrow Q = 0,02 \cdot (66,5 - 36,5) \Rightarrow$

$\Rightarrow Q = 0,6$ cal $= 2,52$ J

A potência será, portanto:

$P = \dfrac{Q}{t} = \dfrac{2,52}{0,5} \Rightarrow P = 5,04$ W

3. a

4. d

Resolução: A capacidade térmica (C) de um corpo é definida como:

C = m · c

Das relações conhecidas Q = m · c · Δt, tem-se:

Q = c · Δt

Como Q e Δt são os mesmos para os dois blocos, eles devem apresentar a mesma capacidade térmica.

5. b

Resolução: m = 80 kg = 8 000 g; Δt = 40 – 36,5 °C; c = 1 cal/°C

Usando a equação do calor sensível:

Q = m · c · Δt

Q = 8 000 g · 1 · 3,5 = 280 000 cal

Q = 280 kcal

6. b
7. c

Resolução: Uma vez que a potência elétrica total consumida é a mesma para os cinco fornos, o forno mais eficiente é aquele capaz de fornecer a maior potência útil às amostras, isto é, ceder a maior quantidade de energia no menor intervalo de tempo.

8. d

Resolução: Como o efeito estufa e as "ilhas de calor" causam o aumento da temperatura local, há a necessidade de maior refrigeração tanto em indústrias (que possuem máquinas que devem operar em certas faixas de temperatura) quanto em residências (para garantir conforto térmico aos seus habitantes). Portanto, haverá aumento do consumo de energia elétrica.

9. Resolução: (01 + 02 + 04 + 08 = 15)

01) Correta.

02) Correta.

04) Correta.

08) Correta.

16) Incorreta: ondas eletromagnéticas não necessitam de meios materiais para propagação (como se observa na transmissão de energia do Sol para a Terra).

10. a

Resolução:

I. A *condução* é a transferência de calor, molécula a molécula, pelas colisões entre elas, sem que haja transporte de matéria.

II. No interior de fluidos, formam-se correntes ascendentes e descendentes, facilitando o rápido aquecimento deles. Esse processo de transferência de calor é denominado *convecção*.

III. O vidro espelhado causa reflexão nas ondas eletromagnéticas, em um processo denominado *irradiação*.

IV. No interior de fluidos, formam-se correntes ascendentes e descendentes, facilitando o rápido aquecimento deles. Esse processo de transferência de calor é denominado *convecção*.

V. A *condução* é a transferência de calor, molécula a molécula, pelas colisões entre elas, sem que haja transporte de matéria.

Segunda parte – Física 2

Capítulo 7

1. Resolução: (02 + 04 + 08 = 14)

    01) Incorreta: a pele de coelho figura antes do que o teflon na série triboelétrica. Logo, atritando-se a pele de coelho com o teflon, a pele de coelho fica eletrizada positivamente, por ceder elétrons ao teflon.

    02) Correta: por atrito, o vidro e a seda adquirem cargas elétricas de sinais opostos. Logo, ao serem aproximados vão se atrair.

    04) Correta: por atrito, o vidro e o papel adquirem cargas elétricas de mesmo valor absoluto e sinais opostos. Note que o vidro figura antes do que o papel na série triboelétrica. Portanto, o vidro fica positivamente eletrizado.

    08) Correta: a tendência de receber elétrons do teflon ao ser atritado com o couro é maior do que a tendência da pele de coelho, de receber elétrons, ao ser atritada com o couro.

    16) Incorreta: os dois bastões de vidro, ao serem atritados com a pele de gato, eletrizam-se positivamente. Logo, vão se repelir ao serem aproximados.

    32) Incorreta: os bastões de madeira ficarão neutros, pois ambos têm a mesma tendência de trocar elétrons.

2. c

   Resolução: Quando não há manifestação de propriedades elétricas na matéria, diz-se que ela está eletricamente neutra; assim, um corpo eletricamente neutro apresenta o mesmo número de prótons elétrons.

3. c

   Resolução: Da quantização da carga elétrica:
   $$Q = n \cdot e = (5 \cdot 10^{19} - 4 \cdot 10^{19}) \cdot 1,6 \cdot 10^{-19} \Rightarrow$$
   $$\Rightarrow Q = 1,6 \text{ C}$$

4. d

   Resolução: Da quantização da carga elétrica:
   $$Q = n \cdot e \Rightarrow 5 \cdot 10^{-6} = n \cdot 1,6 \cdot 10^{-19} \Rightarrow n = 3,125 \cdot 10^{13} \text{ elétrons}$$

5. a

   Resolução: Colocando-os na série triboelétrica:

   ⊕ Vidro → lã → algodão → enxofre ⊖

   Em ambos os casos, a carga adquirida é positiva, pois o vidro está antes dos dois materiais na série triboelétrica.

6. b

   Resolução:
   $$F = K\frac{Qq}{d^2} \Rightarrow 10^{-1} = 9 \cdot 10^9 \cdot \frac{2 \cdot 10^{-6} \cdot 2 \cdot 10^{-6}}{d^2} \Rightarrow d = 6 \cdot 10^{-1} \text{ m}$$

7. c

   Resolução: Os elétrons que saem da pessoa irão anular a carga positiva do eletroscópio (eletrização por contato).

8. c

9. a

10. a

   I. Correta.

   II. Correta.

   III. Incorreta: embora isolantes ou dielétricos sejam substâncias que não oferecem facilidade de movimento aos elétrons, eles podem se eletrizar (por atrito, por exemplo).

Capítulo 8

1. b

   Resolução: O campo elétrico no interior da gaiola é nulo, no entanto, em pontos da gaiola e fora dela, é não nulo.

2. b

   Resolução: O atrito da pele das pessoas com objetos isolantes (lã, flanela, papel, plástico) tornam a pele eletrizada. Em dias normais, esse excesso de cargas é descarregado no contato com o próprio ar, porém, em dias secos, esse processo torna-se muito lento, acumulando cargas estáticas. No contato com objetos, principalmente metálicos, ocorre uma brusca descarga, que é o choque elétrico.

3. a

   Resolução: Dados:
   $E = 3 \cdot 10^6$ V/m e
   $V = 9$ kV $= 9 \cdot 10^3$ V
   $V = E \cdot d \Rightarrow 9 \cdot 10^3 = 3 \cdot 10^6 \cdot d \Rightarrow$
   $d = 3 \cdot 10^{-3}$ m $= 3$ mm

4. c

   Resolução: O trabalho (τ) realizado pela força elétrica no transporte da carga de q = 10 C da nuvem para o solo é igual à energia liberada pelo raio nessa transferência, e ela ocorre devido à diferença de potencial U = $100 \cdot 10^6$ V = $10 \cdot 10^7$ V entre a nuvem e o solo:

   $\tau = q \cdot U = 10 \cdot 10 \cdot 10^7 =$
   $= 100 \cdot 10^7$ J

   Transformando para kWh:

   $\tau = 100 \cdot 10^7$ J $\cdot 3 \cdot 10^7 =$

   $\tau = 300$ kWh

5. b

   Resolução: A caixa metálica produz o fenômeno da blindagem eletrostática (conhecida também como *Gaiola de Faraday*). No interior da caixa, o campo elétrico deve ser nulo, portanto, não há emissão e recepção de ondas eletromagnéticas.

6. c

   Resolução: O campo elétrico sai do potencial positivo e vai para o potencial negativo. Placa da esquerda (+) e da direita (−), logo, 3 é negativo, 2 é neutro e 1 é positivo.

7. d

   Resolução: A lata metálica produz o fenômeno da blindagem eletrostática (Gaiola de Faraday). No interior da lata, o campo elétrico deve ser nulo, portanto, não há emissão e recepção de ondas eletromagnéticas.

8. b

   Resolução: Uma vez que não houve diferença de potencial em dois pontos do cientista, ele nada sofreu.

9. b

   Resolução: O carro, por ser um corpo metálico oco, produz o fenômeno da blindagem eletrostática (Gaiola de Faraday). No interior do veículo, o campo elétrico deve ser nulo, portanto, não há corrente elétrica em seu interior.

10. a

    Resolução:

    $C = Q/U$

    $Q = C \cdot U$

    $Q = 8{,}85 \cdot 10^{-12} \cdot 100$

    $Q = 8{,}85 \cdot 10^{-10}$ C

Capítulo 9

1. c

   Resolução: aplicando a Lei de Ohm ($U = R \cdot i$) para as unidades, temos:

   $$[V] = [\Omega] \cdot [A] \Rightarrow [\Omega] = \frac{[V]}{[A]}$$

2. e

   Resolução: Todas as afirmações estão corretas.

3. c

   Resolução: Da definição de corrente elétrica:

   $$i = \frac{\Delta Q}{\Delta t} \Rightarrow 3{,}2\,[A] = \frac{0{,}8\,[A \cdot h]}{\Delta t} \Rightarrow$$

   $$\Rightarrow \Delta t = 0{,}25\,h = 15\,min$$

4. Resolução:

   (02 + 04 + 08 + 16 = 30)

   01) Incorreta: baterias fornecem corrente contínua e sempre com a mesma intensidade.

02) Correta: o sentido convencional da corrente elétrica é sempre contrário ao do movimento dos elétrons (saem do polo negativo e chegam ao positivo).

04) Correta: efeito Joule.

08) Correta: elétrons tem carga negativa e o sentido do movimento (da força) contrário ao do campo elétrico.

16) Correta: corrente alternada.

5. b

Resolução:

$i = \dfrac{Q}{\Delta t}$

$2 = \dfrac{2{,}16 \cdot 10^5}{\Delta t}$

$\Delta t = 1{,}08 \cdot 10^5 \, s = 1{,}08 \cdot 10^5 \cdot 3600$

$\Delta t = 30 \, h$

6. d

Resolução:

$i = \dfrac{Q}{\Delta t}$

$1{,}2 \cdot 10^4 = \dfrac{Q}{25 \cdot 10^{-6}}$

$Q = 1{,}2 \cdot 10^4 \cdot 25 \cdot 10^{-6}$

$Q = 30 \cdot 10^{-2} = 0{,}3 \, C$

7. e

Resolução:

$i = \dfrac{\Delta Q}{\Delta t}$

$0{,}3 = \dfrac{\Delta Q}{120}$

$\Delta Q = 36 \, C$

$Q = n \cdot e$

$36 = n \cdot 1{,}6 \cdot 10^{-19}$

$n = 2{,}25 \cdot 10^{20}$ elétrons

8. c

Resolução: A primeira afirmação é correta e a segunda é falsa, pois o ar pode ser condutor. Veja:

$i = \dfrac{Q}{\Delta t}$

$10\,000 = \dfrac{20}{\Delta t}$

$\Delta t = \dfrac{20}{10\,000} = 0{,}002 \, s$

9. b

Resolução: O módulo da carga positiva é:

$Q_+ = 1{,}0 \cdot 10^{18} \cdot 1{,}6 \cdot 10^{-19}$

$Q_+ = 0{,}16 \, C$

O módulo da carga negativa é:

$Q_- = 0,16$ C

O módulo da carga total é:

$Q_{total} = |0,16 + 0,16| = |0,32|$ C

$i = Q_{total}/\Delta t$

$I = 0,32/1$

$i = 0,32$ A

10. c

Resolução:

$Q = n \cdot e = 10^{18} \cdot 1,6 \cdot 10^{-19}$

$Q = 1,6 \cdot 10^{-1}$ C

$i = Q/\Delta t = 0,16/1$

$i = 0,16$ A

Capítulo 10

1. b

    Resolução: A capacitância equivalente C'_{eq} de C_1 e C_2 é dada por:

    $C'_{eq} = C_1 + C_2 = 10\ \mu F + 10\ \mu F = 20\ \mu F$

    Assim, a capacitância equivalente total C_{eq} é:

    $C_{eq} = \dfrac{1}{\dfrac{1}{C'_{eq}} + \dfrac{1}{C_3}} = C_{eq} = 3,33\ \mu F$

2. c

    Resolução:

    Por ser uma associação em série:

    $C_{eq} = \dfrac{2 \cdot 3}{2 + 3} \cdot 10^{-6} \Rightarrow C_{eq} = 1,2 \cdot 10^{-6}$ C

Da definição da capacitância:

$$C_{eq} = \frac{Q}{U} \Rightarrow 1{,}2 \cdot 10^{-6} = \frac{Q}{100} \Rightarrow Q = 120\ \mu C$$

E, por estarem em série, apresentam mesma carga.

3. c

   Resolução: A potência é calculada pela relação $P = U^2/R$. Logo, $X = U^2/R$.

   Com a chave fechada, temos uma associação de resistores: 2 R paralelo com R.

   Em que, $R_{eq} = 2R/3$.

   Logo, a potência das lâmpadas será: $P = U^2/(2R/3) = (3/2) \cdot (U^2/R)$.

   Então: $P = (3/2)X$.

4. c

   Resolução: A intensidade da corrente que percorre cada farol é dada por:

   $P = U \cdot i \Rightarrow 55 = 36 \cdot i \Rightarrow i \approx 1{,}53\ A$

   Assim, a intensidade da corrente total que percorre o fusível é:

   $i_{total} = 2i \Rightarrow i_{total} \approx 3{,}06\ A$

   Portanto, o fusível que suporta a menor corrente elétrica e que protege o circuito é o laranja.

5. b

   Resolução:
   $P = i \cdot U$

   $i = \dfrac{P}{U}$

   Segundo os dados, e substituindo na equação, temos:

   $i = \dfrac{5\,400}{220} \Rightarrow i = 24{,}5\ A = 2{,}45 \cdot 10^1\ A$

6. d

Resolução: Potências das lâmpadas utilizadas nos ambientes:

Cômodo	Área	Potência da lâmpada (W)
Banheiro	1,5 · 2,1 = 3,15 m²	60
Sala	3 · 2,8 = 8,4 m²	100
Cozinha	3 · 3 = 9 m²	100
Corredor	(3 − 2,1) · 1,5 = 1,35 m²	60

Assim:

$P_{lâmpadas} = 60 + 100 + 100 + 60$

$P_{lâmpadas} = 320\ W$

Agora, podemos calcular a potência total:

$P_{total} = P_{lâmpadas} + P_{geladeira} + P_{ferro} + P_{rádio} + P_{som} + P_{televisor} + P_{chuveiro} = 320 + 200 + 500 + 50 + 120 + 200 + 3\ 000 = 4\ 390\ W$

7. a

Resolução: Para 220 V, a torneira tem potência máxima de 5 500 W e podemos obter sua resistência:

$$P = \frac{U^2}{R} \Rightarrow 5500 = \frac{(220)^2}{R} \Rightarrow R = 8,8\ \Omega$$

Quando ligada a tensão nominal de 127 V, a potência máxima nova será:

$$P = \frac{U^2}{R} = \frac{(127)^2}{8,8} \Rightarrow P \approx 1830\ W$$

8. c

Resolução:

$P = U \cdot i \Rightarrow 1\ 440 = 110 \cdot i \Rightarrow i \approx 13,1\ A$

9. e

Resolução: As duas tomadas devem ficar em paralelo, de tal modo que a chave não as desligue. A lâmpada deverá estar em série com a chave, e esse conjunto deverá estar em paralelo com as tomadas.

Na figura **a**, quando o interruptor for fechado, causará um curto-circuito. Na figura **b**, o interruptor liga e desliga a lâmpada e uma tomada. Na figura **c**, o interruptor liga e desliga todo o circuito e as duas tomadas estão em série. Na figura **d**, todos os elementos estão em série, de forma que o interruptor liga e desliga todo o circuito.

Somente na figura **e** as tomadas estão corretamente instaladas e o interruptor aciona unicamente a lâmpada.

10. a

Resolução:

$P_{total} = P_{forno} + P_{cafeteira} + P_{chuveiro}$

$P_{total} = 2\,200 + 880 + 3\,300 = 6\,380$ W

$P = \dfrac{\Delta E}{\Delta t} \rightarrow \Delta E = P \cdot \Delta t = 6\,380$ W $\cdot$ 2 h

$\Delta E = 12\,760$ Wh $= 12,76$ kWh

No chuveiro, a tensão é 220 V. Então:

$P = U \cdot i \Rightarrow 3\,300 = 220 \cdot i \Rightarrow i = 15$ A

No forno, a tensão é 110 V. Então:

$P = U \cdot i \Rightarrow 2\,200 = 110 \cdot i \Rightarrow i = 20$ A

Na cafeteira, a tensão é 110 V. Então:

$P = U \cdot i \Rightarrow 880 = 220 \cdot i \Rightarrow i = 8$ A

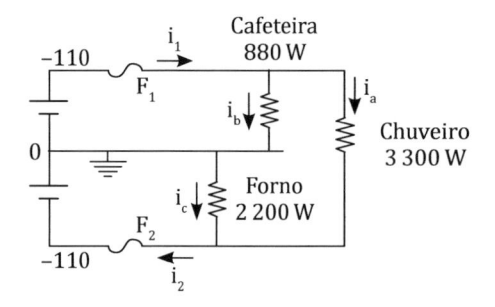

A corrente máxima que pode passar por F_1 é i_1, em que $i_1 = i_a + i_b$

F_1, $i_1 = i_a + i_b$

$i_1 = 15 + 8 = 23$ A

A corrente máxima que pode passar por F_2 é i_2, em que $i_2 = i_a + i_c$

F_2, $i_2 = i_a + i_c$

$i_2 = 15 + 20 = 35$ A

Capítulo 11

1. d

   Resolução:
   I. Correta.
   II. Correta.
   III. Incorreta: quando se quebra um ímã, obtêm-se dois ímãs com os dois polos (norte e sul). É a inseparabilidade dos polos.

2. a

   Resolução:
   I. Campo elétrico uniforme.
   II. Campo gerado por duas cargas puntiformes carregadas positivamente posicionadas lado a lado.
   III. Campo magnético gerado por corrente elétrica atravessando um fio retilíneo posicionado na vertical.
   IV. Campo magnético gerado por um fio retilíneo percorrido por corrente e saindo do plano do papel.

3. a

   Resolução: De acordo com a figura, os polos A F D H ou E C G B devem apontar para o mesmo sentido.

4. c

   Resolução: lembre-se de que polos de mesmo nome se repelem e de nomes opostos se atraem.

5. b

   1. Incorreta: o campo magnético da agulha existe por ela ser um ímã. No entanto, para que essa agulha sofra alguma deflexão, ela tem de sofrer influência de um campo magnético externo.

2. Correta: a agulha da bússola não sofre deflexão porque ela não está inserida em um campo magnético, sendo, portanto, nulo o campo magnético na Lua.

6. c

    Resolução: O ponteiro vermelho da bússola é o polo norte magnético, atraído pelo polo sul magnético. A bússola geograficamente aponta para o Polo Norte geográfico, próximo do polo sul magnético.

    OBS.: Não confunda *magnético* com *geográfico*.

7. d

    Resolução: Conforme o texto, X é polo sul, atraindo polo norte e repelindo polo sul.

8. b

    Resolução:
    I. Incorreta: não existe separação dos polos (definição da inseparabilidade dos polos). Todo ímã tem polo norte e polo sul.
    II. Incorreta: conforme definição, o polo norte magnético é atraído pelo polo sul magnético (Polo Norte geográfico).
    III. Correta: conforme item I.

9. a

    Resolução:
    I. Correta: se colocarmos um ímã num campo magnético (direção norte-sul), o polo norte ficará sujeito a uma força de mesma direção e sentido, e o polo sul, a uma força de mesma direção e sentido contrário. As forças têm o mesmo valor, portanto a resultante delas é nula e o ímã não translada; porém a distância entre as linhas de ação dessas forças fica sujeita a um torque, que pode rotacionar.
    II. Correta: o processo de produção de um ímã artificial consiste em provocar o alinhamento do campo magnético. Se pegarmos um ímã e o aproximarmos de clipes, automaticamente outros clipes serão atraídos (ver figura).

III. Incorreta: conforme a inseparabilidade dos polos.
IV. Incorreta: a agulha magnética da bússola aponta para o Polo Norte geográfico, que está próximo do polo sul magnético.

10. c

Resolução: Para que haja magnetização, devemos orientar (alinhar) seus dipolos magnéticos (ímãs elementares). Isso pode ser feito atritando o ímã com uma barra de ferro, o que só poderá ocorrer se os movimentos retilíneos e sempre no mesmo sentido, pois sabemos que polos de diferentes se atraem.

Capítulo 12

1. b
2. e
3. e

Resolução: O som é uma onda mecânica e necessita de um meio para se propagar. O astronauta está usando ondas eletromagnéticas que se propagam no vácuo e, chegando na Terra, são transformadas em ondas mecânicas.

4. e

I. Correta: por exemplo, a luz é uma onda eletromagnética (não precisa de meio material para se propagar) transversal (a direção de propagação é perpendicular à direção de oscilação).
II. Correta: variações no campo magnético produzem campos elétricos variáveis que, por sua vez, produzem campos magnéticos também variáveis, e assim por diante, permitindo que energia e informações sejam transmitidas a grandes distâncias por meio das ondas eletromagnéticas que

se propagam no vácuo com velocidade constante de $3,0 \cdot 10^8$ m/s, inclusive a luz.

III. Correta: onda não transporta matéria, apenas energia.

5. d

Resolução: Frequência de 20 Hz

$V = \lambda \cdot f$

$340 = \lambda \cdot 20$

$\lambda = 17$ m

Frequência de 20 000 Hz

$\lambda = \dfrac{340}{20\ 000} = 0,017$ m

6. e

Resolução: A velocidade da luz no ar é em torno de 300 000 000 m/s, enquanto a velocidade do som é de 340 m/s (muito menor que a luz).

7. b

Resolução: A ultrassonografia é uma técnica de diagnóstico baseada em imagens, que utiliza ultrassom (onda mecânica longitudinal) para visualizar músculos e órgãos internos, seu tamanho, estrutura e possíveis patologias ou lesões. É comumente usada na obstetrícia, durante a gravidez.

8. d

Resolução:

I. Falsa: ondas não transportam matéria (partícula).

II. Verdadeira: em filmes de ficção, é comum ocorrerem explosões no espaço acompanhadas de som; no entanto, isso não seria possível, pois o espaço é um vácuo, portanto as ondas sonoras não podem se propagar.

III. Verdadeira: conforme item I.

IV. Verdadeira: conforme definição no capítulo.

9. d

Resolução:

Amplitude – Vertical: 20 cm. Cada quadrado tem 5 cm = 0,05 m, e a amplitude é de 10 cm (2 quadrados) = 0,10 m.

Comprimento da onda – Horizontal: 45 cm : 9 quadrados = 5 cm (cada quadrado). Consiste na distância consecutiva entre uma crista e outra ou entre um vale e outro. Há 4 quadrados entre uma crista e outra, resultando em 4 × 5 cm = 20 cm.

Velocidade da onda – Utilize o formulário:

$V = \lambda \cdot f$

$V = 20 \cdot 200 = 4\,000 \text{ cm/s}$

10. d

Resolução: Pelo gráfico, o período (tempo) do batimento desse atleta é 0,5 s.

Aplicamos a fórmula da frequência:

$f = \dfrac{1}{T} = \dfrac{1}{0,5} = 2\,\text{Hz}$

Lembrando que Hz = rps, logo, 2 Hz é 2 rotação por segundo. Como o enunciado pede em minuto, então: 1 minuto = 60 s.

2 · 60 = 120 batimentos por minuto.

Sobre o autor

Carlos A. G. Oliveira, também conhecido como **professor Carlos Azeitona**, é especialista em Responsabilidade Social e Sustentabilidade Corporativa pelo Instituto Superior de Administração e Economia da Fundação Getulio Vargas (Isae/FGV), em Experimento e Desenvolvimento de Kits, Utilização de Vídeos e *Softwares* Aplicativos pela Universidade Federal do Paraná (UFPR), Magistério da Educação Básica e Magistério Superior, ambos pelo Instituto Brasileiro de Pós-Graduação e Extensão (Ibpex). É também graduado em Matemática e Física pela Universidade Tuiuti do Paraná (UTP). Em 2003, teve acesso ao doutorado pela European University, na Suíça, onde participou de vários seminários internacionais.

Como profissional da área de educação, ganhou o Prêmio Professor João Crisóstomo Arns, concedido pela Câmara Municipal de Curitiba (CMC), pelos trabalhos prestados à comunidade curitibana. Tem um artigo publicado na *Revista Veja*, cujo título é "Professores: uma lição de parceria", e entrevistas em canais de televisão abordando projetos sociais e de física.

Atualmente, é palestrante (capacitação de professores), professor (ensino médio, educação a distância (EaD) e pós-graduação), analista pedagógico, autor e revisor de material didático e diretor executivo da Intellectu-m Desenvolvimento Educacional.

Impressão:
Fevereiro/2017